beziehungen leben

LIFE
Institut für Gesundheitsentwicklung

Anfragen oder Hinweise richten Sie bitte an
LIFE Institut für Gesundheitsentwicklung GesmbH.,
Alte Hauptstrasse 8, A-3192 Hohenberg
Telefon (+43-2767) 73 33-0
www.life.co.at

Gesamtproduktion: Mag. Sabine Franzke
Grafische Gestaltung und Umschlaggestaltung: Andreas Ortag
Lektorat: Mag. Elisabeth Kudlvaser
Herstellung: gugler print & media, Melk
Printed in Austria
ISBN 3-9500657-3-3

Georg Wögerbauer
Gerald Koller

beziehungen leben

auf dem weg zu einem neuen miteinander

Unsere tiefgreifendste Angst ist nicht,
dass wir ungenügend sind.
Unsere tiefgreifendste Angst ist,
über das Messbare hinaus kraftvoll zu sein.

Es ist unser Licht, nicht unsere Dunkelheit,
die uns am meisten Angst macht.

Nelson Mandela

Dieses Buch haben zwei Männer in Beziehung geschrieben. Was wir damit sagen wollen: im vielfältigen Netz von Beziehungen ist Freundschaft ebenso ein wichtiger Halt wie Partnerschaft, Familien- und Gruppenleben. Gerade in dieser Vielfalt ist es uns wichtig, den unterschiedlichen Beziehungsformen ihren Wert beizumessen. In unserer Sprache versuchen wir daher, Frauen wie Männer mit hineinzunehmen – unabhängig davon, welche Begriffe wir verwenden. Bewusst haben wir uns für das du-Wort in der Anrede entschieden, um so leichter mit der Leserin und dem Leser auch hier in Beziehung zu treten.

Dieses Buch widmen wir voll Dank allen Menschen, mit denen wir in Beziehung leben.

Inhalt

Personenverzeichnis

P1 BUBER, MARTIN: geboren 1878 in Wien, jüdischer Religionsphilosoph.

P2 CANACAKIS, JORGOS: Diplompsychologe und Psychotherapeut – ist Begründer und Leiter der Europäischen Trauerseminare und wissenschaftlicher Direktor der von ihm ins Leben gerufenen Akademie für Menschliche Begleitung (AMB) in Essen. Er bietet in diesen Einrichtungen Trauerseminare und auch eine Ausbildung zur Lebens- und Trauerbegleitung an.

P3 DESCARTES, RENE: französischer Philosoph, „Vater" der Aufklärung

P4 DIETRICH, REINHOLD: Psychotherapeut und Schriftsteller, lebt in Salzburg

P5 FREUD, SIGMUND: 1856 bis 1939, Neurologe, Arzt, Begründer der Psychoanalyse, der Lehre vom Unbewussten.

P6 GRÜN, ANSELM: geboren 1945, Benediktiner, Verwalter der Benediktinerabtei Münsterschwarzach, geistlicher Begleiter und Kursleiter für Mediation, Fasten und tiefenpsychologische Traumarbeit

P7 HESSE, HERMANN: Deutsch-Schweizer Schriftsteller am Beginn des 20. Jahrhunderts

P8 LOWEN, ALEXANDER: Arzt und Psychotherapeut, lebt in den USA, hat die Bioenergetische Analyse als psychotherapeutische Methode entscheidend mitentwickelt.

P9 MOELLER, LUKAS MICHAEL: geboren 1937 in Hamburg, Studium der Medizin und Philosophie, Psychoanalytiker.

P10 PECHTL, WALDEFRIED: 1944 – 2001, Fachpsychologe im Klinischen Bereich und in der Organisations- und Personalentwicklung, Lehrtherapeut für Bioenergetische Analyse.

P11 PIETSCHMANN, HERBERT: geboren 1936 in Wien, seit 1994 Vorstand des Instituts für Theoretische Physik der Universität Wien; zahlreiche wissenschaftliche, physikalische, didaktische und philosophische Veröffentlichungen.

P12 Reich, Wilhelm: Psychoanalytiker, 1897 – 1957

P13 Rinser, Luise: 1911 (Oberbayern) – 2002, bekannte deutsche, politisch engagierte und mehrfach ausgezeichnete Schriftstellerin. In ihren Erzählungen, Romanen, Essays, Tagebüchern und Reiseberichten befasste sie sich immer wieder mit der Kraft der Liebe und der Lebenswirklichkeit.

P14 Rössler: Arzt und Jesuit

P15 Singer, Wolf: geboren 1943, studierte Medizin, seit 1981 Direktor des Max-Plank-Instituts für Hirnforschung in Frankfurt, D.

P16 Strunz, Ulrich: Internist und Seminartrainer mit Schwerpunkt Fitness.

P17 Watzlawick, Paul: Therapeut und Autor; war maßgeblich an der Entwicklung des Konstruktivismus beteiligt, der besagt, dass es keine objektive Wirklichkeit gibt – nur die von uns persönlich konstruierte.

P18 Wegener, Bettina: Liedermacherin

P19 Wilber, Ken: geboren 1949, zwei Jahre Medizinstudium, dann Wechsel zu Biochemie; Vordenker und führender Autor der transpersonalen Psychologie, wichtigster Vertreter der aktuellen Evolutionstheorie. Lebt zurückgezogen in den USA.

Von uns geschätzte Literatur

Bowlby, John: *Elternbindung und Persönlichkeitsentwicklung. Therapeutische Aspekte der Bindungstheorie,* Verlag Dexter , 1994, ISBN 3-929224-01-1

Bowlby, John: *Frühe Bindung und kindliche Entwicklung,* Verlag Ernst Reinhardt, 4. Auflage 2001, ISBN 3-497-01566-0

Canacakis, Jorgos: *Ich sehe deine Tränen. Trauern, Klagen, Leben können,* Verlag Kreuz, Stuttgart, 2002, ISBN 3-7831-2118-3

Die Bibel

Dietrich, Reinhold: *Das Labyrinth der fünf Charakterstrukturen; dargestellt an Themen wie Beziehung, Beruf, Geld, Sexualität, Glaube und Liebe,* Verlag Dietrich Elixhausen, 1999, Paperback, ISBN 3-9500425-5-5

Dietrich, Reinhold: *Nach-Innen-Laufen, Über die Innenseite des*

Laufens, Verlag Dietrich Elixhausen, 1989, Paperback, ISBN 3-9500094-0-X

FROMM, ERICH: *Die Kunst des Liebens,* Verlag dtv, aus der Reihe Mod. Leben 36102, 12. Auflage 1996, ISBN 3-423-36102-6

FROMM, ERICH: *Haben oder Sein. Die seelischen Grundlagen einer neuen Gesellschaft,* Verlag dtv, aus der Reihe Mod. Leben 36103, Neuauflage 1992, ISBN 3-423-36103-4

HASLINGER, JOSEF: *Das Vaterspiel,* Roman, Verlag Fischer. S, 2000, ISBN 3-10-030054-8

PIETSCHMANN, HERBERT: *Die Welt, die wir uns schaffen,* Verlag Zsolnay, Wien, 1984, ISBN 3552036075

KAST, VERENA: *Trauern, Phasen und Chancen des psychischen Prozesses,* Verlag Kreuz, Stuttgart, 3. Auflage 2000, ISBN 3-7831-0660-5

KAST, VERENA: *Vater-Töchter – Mutter-Söhne. Wege zur eigenen Identität aus Vater- und Mutterkomplexen,* Verlag Kreuz, Stuttgart, 6. Auflage 2000, ISBN 3-7831-1319-9

WILBER, KEN: *Eros, Kosmos, Logos. Eine Jahrtausend-Vision,* Verlag Fischer. S, aus der Reihe Spirit 14974, 2001, ISBN 3-596-14974-6

KOLLER, GERALD: *Familie bauen,* HSGB: Familien- und Sozialberatungszentrum / Sozialhilfeverband Kirchdorf, 4560 Kirchdorf/ Krems, Österreich, 1996

WATZLAWICK, PAUL: *Anleitungen zum Unglücklichsein / Vom Schlechten des Guten oder Hekates Lösungen,* Verlag Piper, ISBN 3-492-04360-7

ROHR, RICHARD: *Masken des Maskulinen. Neue Reden zur Männerbefreiung,* Verlag Claudius, 3. Auflage 1998, ISBN 3-532-62158-4

NADOLNY, STEN: *Ein Gott der Frechheit,* Roman, Verlag Piper, 8. Auflage 2000, ISBN 3-492-22273-0

STUTZ, PIERRE: *Ein Stück Himmel im Alltag. Sieben Schritte zu mehr Lebendigkeit,* Verlag Herder Freiburg, aus der Reihe Herder Spektrum 5036, 4. Auflage 2001, ISBN 3-451-05036-6

WÖGERBAUER, GEORG, HANS und HELENE: *Einfach essen, gut leben,* Verlag Life Institut für Gesundheitsentwicklung, 1997, ISBN 3-9500657-2-5

WÖGERBAUER, HANS & GEORG: *Einfach gut leben,* Verlag Life Institut für Gesundheitsentwicklung, 2001, ISBN 3-9500657-1-7

Hinaus ins Weite, Unbekannte ...

Ein erstes Vorwort

Mit der Milos Express[1] verlassen wir den Golf von Athen. Hinter uns liegt die Millionenstadt im milden Sonnenlicht eines Oktobernachmittags. Städte, Druckkammern des Menschseins: in 20 Jahren werden 60% der Erdbevölkerung in ihnen leben; derzeit sind es 47%.

Die Lebensräume werden enger – werden es unsere Beziehungen auch?

Am Heck der Fähre steht mein Freund Georg, mit dem ich dieses Buch schreiben will. Er schaut zurück, hält Rückblick ins schäumende Wasser, das unser Schiff als Spur seines Weges aufwühlt.

Eine Woche wollen wir auf Schiffen durch die Inselwelt Griechenlands unterwegs sein. *Anlegen und wieder Abschied nehmen.* Nichts scheint uns symbolischer als ein Schiff, das Beziehungen herstellt – zwischen verschiedenen, mitunter gegensätzlichen Welten. Ruhig, gelassen und auch in stürmischen Zeiten unbeirrt fährt es seinen Weg.

Stürmisch sind die Zeiten, bewegt ist unsere Welt allemal. Das wirft Fragen auf: globale Mächte, Regionen und Gemeinschaften, Familien und wir alle – ganz persönlich – sind immer wieder gefordert, Antworten auf die Krisen unseres Lebens zu finden: Sei es der 11. September, der Verlust eines geliebten Menschen oder das Burn-out im Arbeitsalltag ...

Georg und ich werden in diesem Buch eine Antwort versuchen, die so einfach scheint und doch unseren ganzen Einsatz im Alltag erfordert: Wenn alles schwankt, dann gibt nur eines Halt und Orientierung: die Beziehung zwischen dir und mir; dass das, was wir miteinander vereinbaren, auch hält. Aus unseren Beziehungen – und nur aus ihnen – entsteht Entwicklung, die aus dem Trauma der Verunsicherung herausführt. Darüber wollen wir schreiben.

Gerald Koller

1 Milos-Express: Fährschiff zwischen Piräus und den westlichen Inseln der Kykladen (griech. Inselgruppe)

Männerfreundschaft

Ein zweites Vorwort

Wir beide wollen uns losreißen, um auf eine Reise zu gehen. Gerald und ich – beide haben wir unsere Berufe so gestaltet, dass wir es uns auch leisten können, hin und wieder abzutauchen, um auszutauschen, uns Hilfestellungen oder gegenseitig Impulse zu geben. Über Jahre ist daraus eine enge Männerfreundschaft gewachsen, viel Vertrautheit, Männergeschichten, Männerträume und -phantasien. Wir können uns ganz gut bejammern, aber auch konfrontieren, gegenseitig führen und bestärken – unsere Beziehung gibt Sicherheit.

ODYSSEUS, dem „Prototyp Mann" nachzufahren, dem Krieger, Liebhaber, König, Jäger, dem Sehnsuchtsvollen, der in Kontakt ist mit den Göttern, das hat uns gelockt. „Kalypso-Phantasien" und Abenteuerlust kamen hoch. Mit Sehnsüchten, aber auch mit unserer Maßlosigkeit wollten wir uns beschäftigen, mit Männerrivalität und typischen Männermachtspielen.

Auf Basis einer sehr vertrauten Männerbeziehung sollte ein Buch entstehen – für Männer geschrieben. In diesem Sinne haben wir uns auch vorbereitet, gelesen und auf unser gemeinsames Projekt eingestimmt.

Und dann war plötzlich ein ganz besonderer Nachmittag – mitten im September. Zum Thema „Impulse für bewusste Lebensgestaltung" arbeitete ich mit einer Gruppe von jungen Managerinnen und Managern, als in einer Seminarpause plötzlich zwei ziemlich geschockte Frauen aus der Gruppe auf mich zukamen und mir von dem Terroranschlag in New York erzählten, der sich eben in diesen Minuten ereignete. Die Dramatik begann schon damit, dass, während wir davon erfuhren, dieser Anschlag noch voll im Gange war.

Es war ein strahlend schöner Nachmittag und wie mit einem Schlag – binnen 18 Minuten – zog sich ein schwarzer Vorhang über die ganze Erde.

Während wir geschockt vom Einsturz des ersten Turmes hörten, krachte schon der zweite in sich zusammen, und jeder spürte, wie sich eine Welle von Angst und Unsicherheit ausbreitete. In der nächsten Stunde waren wir alle nicht wirklich arbeitsfähig. Reflexartig aktivierten die Teilnehmer ihre Handys, jeder wollte mit vertrauten Menschen den Schock, die Angst teilen. Die Teilnehmer riefen wechselweise ihre Partner/innen an, und man tauschte jeweils aktuellere mediale Informationen aus – ein kleines Ventil für die große Verunsicherung, die alle spürten.

In den folgenden Tagen bemerkte ich, wie ich mich der Informationsflut über den Terror nicht mehr entziehen konnte, eine Art mediale „Verseuchung" befiel auch mich und die „Rund-um-die-Uhr-Berichterstattung" verfolgte mich, wo immer ich hinkam. Sprachlosigkeit, Ohnmacht, auch Wut lähmten mich. Ängste kamen auf, viel Verunsicherung – und ich erschrak, wie ich selbst ein Spielball derer wurde, die sich an der „Mediengeilheit" der Massen bereicherten. Menschen, die mir nahestehen, riefen mich an, ich telefonierte mit den mir Vertrauten und gemeinsam teilten wir den Schock und die Sprachlosigkeit.

Es war in einer Seminarpause: Als mich wiederum ein Gefühl von Traurigkeit und Ohnmacht erfasste, rief ich meinen Freund Gerald an. Ich suchte das Gespräch mit ihm. Er war nicht da, und so gab mir Agnes, seine Frau, eine gute Hilfestellung:

„Ich habe beschlossen, keinen Fernseher mehr aufzudrehen. Ich lasse nur mehr selektiv Informationen an mich heran. Und was für mich jetzt in dieser Zeit zählt, sind Beziehungen, gute Beziehungen, gute Gespräche. Ich will eine Antwort geben auf diesen Wahnsinn: mit Beziehungen, mit Vertrautheiten – und daran will ich weiterarbeiten", sagte mir die Frau meines Freundes und gab mir dabei die erste wirkliche Hilfestellung und viel Motivation weiterzuarbeiten an lebendigen, gestalteten Beziehungen, an gelingenden Menschenkontakten.

Dieses Ereignis war der Anlass, unseren ursprünglichen Plan vom Männerbuch zu ändern und so entstand dieses Buch über „Beziehungen, die leben".

Wir verstehen uns beide als Beziehungsmenschen, wir arbeiten beide intensiv mit Menschen – und wir haben beobachtet, wie die Ereignisse des 11. September und die vielen Folgeereignisse Schock und Verunsicherung ausgelöst haben.

Wir schreiben dieses Buch für Menschen, die Fragen stellen so wie wir auch.

Wir schreiben dieses Buch nicht für die, die für alles Antworten haben.

Um die nötige Ruhe, auch ein Stück Abstand zu erreichen, haben wir uns auf die Reise gemacht: durch die Ägäis mit Schiff und Moped und zu Fuß – sind wachsam für das, was zwischen uns und um uns geschieht, beschreiben Begegnungen, spielerische Beziehungen, Abschiedsgeschichten und neue Kontakte.

Dies schreibend beobachte ich zwei griechische Männer, wie sie nun schon seit zwei Stunden in ein Würfelspiel vertieft sind, sich dabei angeregt unterhalten und scheinbar endlos Zeit haben. Ich frage mich, wann ich mir wohl das letzte Mal die Zeit genommen habe, um zu spielen – wirklich aus der Lust am gemeinsamen Spiel, am spielerischen Umgang – auch mit Beziehungen.

Wir wollen in diesem Buch durch *erlebte Beziehungsgeschichten* Impulse geben, die uns und anderen weiterhelfen können.

Ich bin froh und dankbar für die Reise mit Gerald, die in dieser Form nur möglich ist, weil *wir uns Zeit nehmen, weil wir ehrlich zueinander sind, weil wir uns gegenseitig stützen können und einander mit unseren Verrücktheiten akzeptieren und gern haben – weil wir Freunde sind.*

Georg Wögerbauer

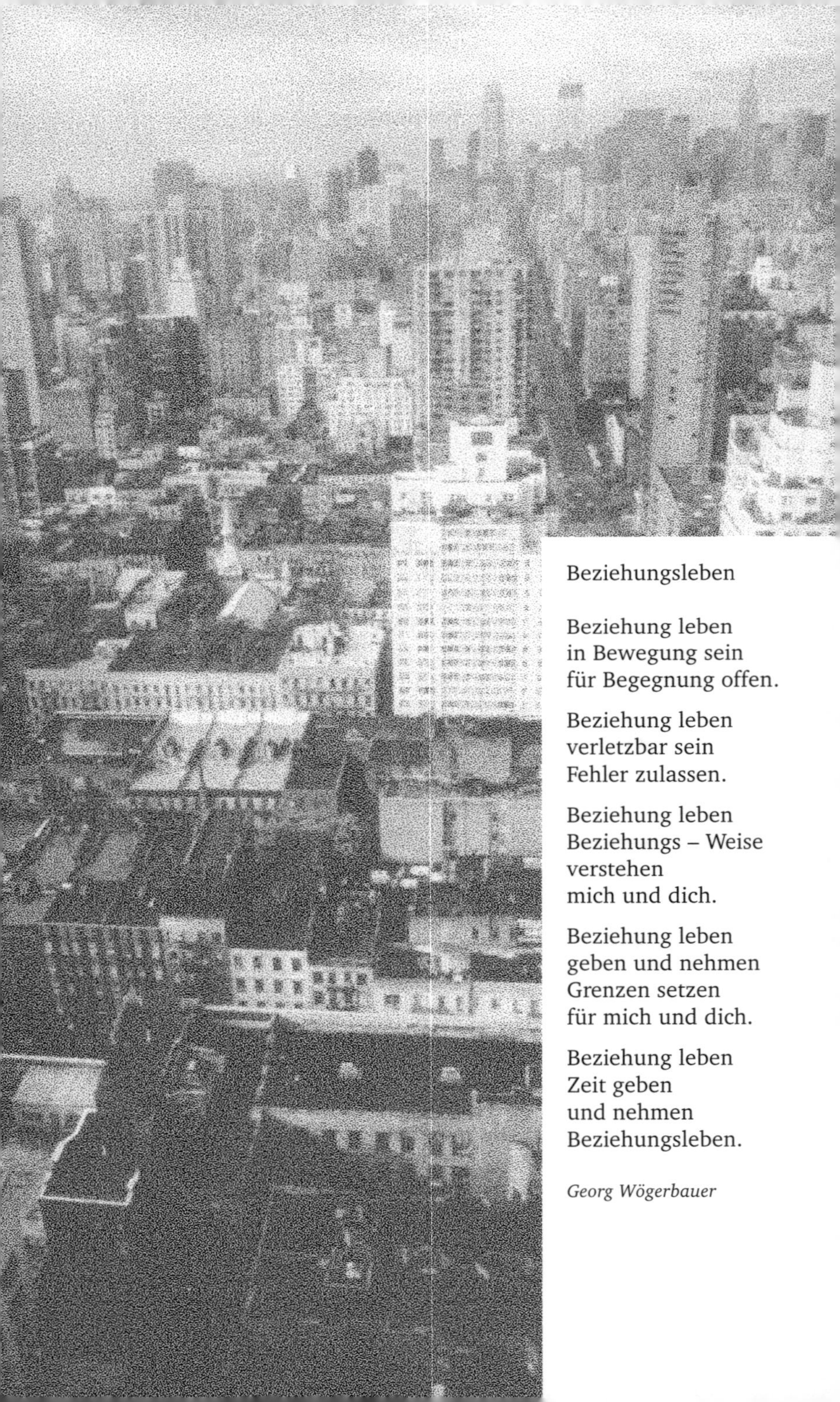

Beziehungsleben

Beziehung leben
in Bewegung sein
für Begegnung offen.

Beziehung leben
verletzbar sein
Fehler zulassen.

Beziehung leben
Beziehungs – Weise
verstehen
mich und dich.

Beziehung leben
geben und nehmen
Grenzen setzen
für mich und dich.

Beziehung leben
Zeit geben
und nehmen
Beziehungsleben.

Georg Wögerbauer

Gerald Koller

Unsere erschütterte Welt – und was ihr Halt geben kann: Vom Trauma zur Beziehung

Ein Trauma ist ein tiefes Schockerlebnis, das in Körpern und Seelen von Menschen und Kulturen Schnitte hinterlässt, die nicht von selbst heilen. Der 11. September 2001 zum Beispiel war und ist – so wagen wir zu sagen – ein solches Trauma, das die gesamte, insbesondere die westliche Welt erschüttert hat. Seine blockierende Wirkung wird noch lange währen, über alle Verdrängungen und Bewältigungsversuche hinweg. Was kann da heilen?

In der Traumatherapie gilt als erster wichtiger Schritt die Entkoppelung des Ereignisses von jenen Gefühlen, die zu einer weiteren Traumatisierung führen können. Dazu ist es notwendig, zuerst einmal zu analysieren, welche grundlegenden Annahmen unserer Kultur durch den Terrorakt an diesem Septembertag erschüttert wurden.

Die erste Grundannahme, die wohl lange Zeit nicht mehr auf dieselbe Weise konstruiert werden kann wie zuvor, ist jene der *Sicherheit:* Unsere Zivilisation, unsere technischen Errungenschaften, ja das Leben als solches hat sich als höchst unsicher erwiesen. Der Schock, der dem Angriff folgte, richtete den Blick schonungslos auf die Dünnhäutigkeit unserer Welt. Ein Schock, der heilsam sein kann, wenn wir das Gesehene akzeptieren: Unser Gefühl der Sicherheit war eine Illusion.

Die alte Fabel des *Reiters über den Bodensee* erzählt, was passiert, wenn wir das Herausfallen aus unseren Illusionen nicht verkraften: Im Mittelalter wurde der im Winter zugefrorene Bodensee auch als Verkehrsweg benutzt – so ritten auch die Postreiter von einem Ufer zum anderen. Als nun an einem frühen Märztag ein solcher Reiter über das Eis seinem Ziel entgegenhetzt, sieht er am anderen Ufer bereits Menschen händeringend ihm entgegenrufen: Das Eis sei ja bereits viel zu dünn für einen solchen Ritt. Er blickt hinunter – und von der Wucht der Realität getroffen, bricht er zusammen und fällt tot vom Pferd.

Illusionen können uns eine Zeit lang Halt geben – und wenn wir schnell genug unterwegs sind, um den Dingen nicht auf den Grund gehen zu müssen, geht das auch gut. Der Moment der Erkenntnis aber ist umso schockierender.

Nun hat uns das Leben seit jenen Septemberwochen wieder in den Alltag zurückgeführt. Man könnte meinen, alles sei beim Alten. Wie schnell jedoch der Schnitt jener Traumatisierung wirkt, wenn uns dieser Alltag verlässt, konnte ich bei einer Veranstaltung in Innsbruck miterleben: *Es war ein heißer Oktobernachmittag, und die TeilnehmerInnen der Veranstaltung, die ich moderierte, öffneten Türen und Fenster des Tagungsraumes. Neben den Stadtgeräuschen drang auch der Lärm der tief über Innsbruck einfliegenden Flugzeuge an unser Ohr. Mitten im Gespräch wurden wir auf ein tuckerndes Sportflugzeug aufmerksam, das nahe am Tagungshaus vorüberflog. Plötzlich war kein Motorengeräusch mehr zu hören. Die Anwesenden reagierten irritiert. Ich versuchte, die Situation mit einem Scherz aufzulockern: Das einzige, was das Tiroler Nationalgefühl wohl empfindlich treffen würde, wäre ein Angriff auf das Goldene Dachl[1]. Mitten im Gelächter der SeminarteilnehmerInnen begannen da plötzlich die Katastrophensirenen zu heulen – in hohem, auf- und abschwellenden Ton, 90 Sekunden lang – das bedeutet Alarmstufe 1, bei der sofort das Radio einzuschalten ist, um weitere Verhaltensmaßregeln entgegenzunehmen. Allen stockte der Atem. Chaos! Menschen verließen den Raum und suchten nach Radioapparaten, andere telefonierten mit ihren Verwandten. In den Augen der MedizinerInnen und PädagogInnen stand Angst und Verwirrung. Ein Blick auf die Uhr sagte mir, dass wir in diesen Minuten, am 11. Oktober um 14.30 Uhr, den ersten Monat nach den Attentaten in New York und Washington begingen. Eine Erkenntnis, die nicht unbedingt zur Beruhigung der Anwesenden beitrug. Erst nach etwa fünf Minuten stellte sich heraus, dass es sich (angeblich) um einen technischen Defekt gehandelt haben soll. Allmählich kehrte Ruhe ein.*

1 Goldenes Dachl: Bauliches Wahrzeichen in Innsbruck

Die Reflexion des Ereignisses und der von ihm ausgelösten Gefühle dauerte noch lange und die Dankbarkeit der Menschen machte an diesem Tag noch einige Entwicklungen in der Gruppe möglich – eine durchaus positive Folge des Schreckens.

In wenigen Minuten hatte sich also gezeigt, wie tief der Schock sitzt.

Die Rolle der Medien in diesem Trauma der Unsicherheit ist eine durchaus bedenkenswerte; wir alle nützen die Medien – exzessiv bis beinahe süchtig – um Informationen zu erhalten, die uns Orientierung und Sicherheit geben sollen: Was ist in einer Welt, in der alles denkbar und nichts mehr vorhersehbar geworden ist, in den letzten Stunden passiert? Doch ob die Medien mit Sachinformationen dieser Sehnsucht nach Orientierung nachkommen oder vielmehr mittels Emotionalisierung und Desinformation die Unsicherheit schüren (und damit lukrative Gewinne erzielen), muss kritisch hinterfragt werden.

Meine Wahrnehmung erinnert mich an den Teufelskreis von Süchtigen: *Auf der Suche nach Sicherheit werden wir verunsichert.*

Die zweite Facette des Traumas betrifft unsere *Wahrnehmung der Welt:*

War in allen Diskussionen zur Globalisierung die Komplexität der Zusammenhänge für die meisten von eher theoretischer Natur, wurde uns diese Komplexität schlagartig bewusst: Wenn aufgrund von Gewaltakten in einer zentralen Kleinregion dieser Welt umgehend Börsenkurse fallen, Flugzeuggesellschaften in Konkurs gehen, Öl- und Benzinpreise schwanken, politische Gegner zu Freunden werden und in zehntausend Kilometer Entfernung vom Tatort Menschen mit dunklerer Hautfarbe angespuckt werden, wenn wir plötzlich ein seit Jahren regierendes Regime als faschistisch erkennen und uns über die Situation der Frauen in der von den Taliban dominierten Region Sorgen machen – dann sind das alles nur Teilaspekte dieser Komplexität.

Zu große Komplexität überfordert die Menschen – sie fühlen sich ohnmächtig. *Das Gefühl der Ohnmacht aber muss kompensiert werden,* zumeist mittels Feindschaften und der Herstellung von Polaritäten. Da braucht es schnell Gut und Böse – und heilige Kriege zwischen den beiden.

Je komplizierter die Lage, desto größer ist die Sehnsucht des Menschen nach einfachen Lösungen – die aber oft die falschen sind.

Paul Watzlawick[P17] spricht von *Patend*lösungen und sagt damit, welche Haltung dahinter steckt: Nicht die Auseinandersetzung mit Problemen und Beziehungen ist das Ziel, sondern die *End-lösung,* die uns rasch wieder Einfachheit und Sicherheit vermitteln soll.

Keines der viel benützten Wörter wirkte in jenen Wochen so verheerend, wie das der *zivilisierten Welt.* Wer sich zivilisiert und somit erhaben über andere darstellt, bastelt an einer Zeitbombe und gibt sie Millionen von Abgewerteten in die Hand.

Noch immer glauben wir im Moment der Schwäche, Stärke beweisen zu müssen. Noch immer lächeln wir über unsere Unsicherheit hinweg und noch immer verstecken wir Gefühle wie Wut und Rache – und nennen uns zivilisiert. Wie der Partisane aus dem Hinterhalt ist aber jener Konfliktpartner der Gefährliche, der seine Gefühle nicht zeigt. Das Spiel der Stärke ist eines, das die angeblich Schwachen geradezu herausfordert, unsere Kultur vom Sockel zu stürzen.

Krieg ist immer Stärkeritual, Antwort auf die *„Sehnsucht nach dem schnellen umfassenden Schlag, nach einer raschen Vernichtung des Übels, eine Hoffnung, die Kriege immer aufs Neue zu erfüllen versprachen und immer aufs Neue enttäuschten“,* wie der bekannte Gehirnforscher WOLF SINGER[P15] schreibt. Weiter: *Ein solcher Krieg gegen das Böse verwandelt sich schneller als je zuvor in einen Krieg gegen die Menschheit. Das Böse ist vom Guten weniger denn je zu trennen.*

Die einzige therapeutische Chance, die uns von diesem Bereich des Traumas heilen kann, liegt im Eingeständnis der Schwäche. Nur wenn wir uns unserer Schwäche bewusst werden und zu ihr stehen können, sind wir zu Beziehung fähig. Menschen, die ausnahmslos stark sind, sind nicht liebenswert.

Hast du nicht auch schon die Erfahrung gemacht, dass gerade Aspekte und Verhaltensweisen, die du an dir selber nicht magst, von anderen geschätzt werden? Erstaunt nimmst du dann zur Kenntnis, dass deine Schüchternheit nicht nur Schwäche, sondern auch Stärke ist, dass sie geschätzt wird, weil sich die anderen von dir nicht überrannt fühlen.

Und ist dir schon bewusst geworden, dass die Schwäche nicht das Gegenteil unserer Stärke ist, sondern nur ein Bild davon? Dass sogar viele unserer Stärken nur aus dem Gefühl der Schwäche entstehen konnten? So sind die neurotischen Erfahrungen unserer Kindheit (zuviel des Alleinseins, nicht beachtet worden zu sein) eben der Grund dafür, dass wir später hohe kommunikative Kompetenzen entwickelt haben. So wird Schwäche zum Fundament unserer Stärke.

Meist sind es nicht unsere Schwächen, die uns unsympathisch machen, sondern die Art, wie wir sie verstecken wollen (und sie zu legitimieren, ist auch eine Form des Versteckspiels). Ich habe das in meinem Leben am eigenen Leib erfahren.

In meiner Jugendzeit hatte ich zwei Jahre lang keine Freundin und fühlte mich dementsprechend elend (was durch meine Irrmeinung, alle anderen hätten eine, noch erheblich verstärkt wurde). In solch einer Situation tun wir alle das Gleiche: Wir suchen nach dem Fehler, dem Mangel, der Schwäche, die die Ursache für solche Unbill ist.

Ein Blick in den Spiegel genügte, und ich war mir sicher: Meine Schwulstlippen sind's. Auf der Stelle begann ich meinen Mangel zu verstecken. Das Spiel wurde bald zur manischen Gewohnheit: Immer wenn mir in meiner Heimatstadt ein Mädchen entgegenkam, das ich sympathisch fand (und auf der Suche nach einer Freundin fand ich viele Mädchen sympathisch), zog ich meine Lippen zu einem schmalen Strich zusammen. Ich muss ein höchst verkrampftes Bild abgegeben haben – was natürlich meinem Anliegen zur Beziehungsaufnahme extrem abträglich war.

Erst Jahre später sagten mir Frauen, dass meine Lippen das Erotischste an meinem Gesicht seien – doch damals hätt' ich's wissen müssen!

Nicht mein Mangel, sondern meine Art, ihn zu verstecken, war's, die mich unattraktiv und unsympathisch gemacht hat.

Gerade das Eingestehen von Schwächen fällt unserer westlichen Kultur so schwer. Dabei sollten wir uns angesichts der Unsicherheit der Welt doch endlich bewusst geworden sein, dass wir die wesentlichen Dinge im Leben nicht zu steuern im Stande sind, dass die komplexe Dynamik der Globalisierung niemand wirklich beherrschen und managen kann; dass kaum jemand wirklich eine Antwort darauf lebt, die die Ungerechtigkeit der Verteilung von Wohlstand auf dieser Erde ändern kann; dass wir vielmehr hilflos oder achselzuckend zusehen, wie die Schere zwischen West und Ost, Nord und Süd, Reich und Arm immer mehr aufgeht.

Nur eine Kultur, die ihre Schwächen eingesteht, wird die Dynamik der Gewalt ihrerseits bremsen können.

Vor meiner Abfahrt nach Griechenland haben mir zwei Schüler einen Witz erzählt, den sie in ihrer Klasse entwickelt haben und der – wie viele Witze – die Sache auf den Punkt bringt: *Der kleine Osama und der kleine George W. streiten in der Schule den ganzen langen Tag. Schließlich reicht's dem Lehrer und er fragt: „Wer hat begonnen?" Die beiden drucksen herum, bis George W. schließlich meint: „Alles hat begonnen, weil Osama zurückgeschlagen hat."*

Der Witz mag vielen tendenziös und überzeichnet erscheinen – doch die Überzeichnung ist das Wesen und das Recht von Witzen. Und natürlich muss sich auch das islamische Patriarchat fragen, wie es mit dem Eingeständnis von Schwäche umgeht – oder ob zentrale Begriffe wie Stolz und Würde allein aus vermeintlicher Stärke gezogen werden.

Bleiben wir aber bei uns, denn in der Situation des Traumas brauchen wir Hilfe, die nur wir uns selbst geben können. Ob Stärkerituale da helfen – wie das des sonst so umsichtigen New Yorker Bürgermeisters Rudy Giuliani, der einen Tag nach dem Einsturz der Twintowers[1] meinte, dass diese so bald als möglich wieder aufgebaut würden, noch größer und strahlender als zuvor?

Wer zu seinen Schwächen stehen will, muss sie sich zuerst selbst eingestehen – und dies nicht dazu, um sie allsogleich zu bekämpfen – sondern zuerst einmal, um sie anzunehmen als Teil unserer selbst. Hätten wir nur mehr Stärken, so gäbe es ja keinerlei Entwicklung mehr, das Leben wäre letztlich sinnlos.

Einer der größten Therapeuten der Weltgeschichte, Jesus

1 Twintowers=Zwillingstürme: Bezeichnung für die am 11. 9. 2001 eingestürzten Doppeltürme des World Trade Center, New York

von Nazareth, machte uns dies deutlich: Wenn er die Diebe, Huren und Zöllner zu Tisch lud, so können ja auch wir mit unseren inneren Dieben, Huren und Zöllnern in Beziehung treten! Denn wenn wir sie verstoßen, kommen sie nur mit doppelter Vehemenz zu uns zurück.

Die eigenen Schwächen anzunehmen und mit ihnen auf einen Entwicklungsweg zu gehen – darin, und nur darin liegt Heilung.

Ich lade dich zu einem kleinen *Heilungsritual* ein, das vielleicht vorerst einige deiner bisherigen Überzeugungen auf den Kopf stellt. *Nimm einen kleinen Zettel und schreib' mit einem Stichwort etwas von dir darauf, was dir an dir selbst zuwider ist; was du schon hunderte Male verändern wolltest und es noch nie geschafft hast. Wenn du das getan hast, so wirf den Zettel nicht fort, zerknüll' oder verbrenn' ihn nicht (wie du sonst im Selbsthass mit deiner Schwäche umgehst), sondern beginn' das Wort zu verzieren: mit einem Herz, mit Blümchen, mit Girlanden – nicht zynisch, sondern liebevoll.*

Nimm deine Schwäche in den Arm und sag': Du bist Teil von mir und schenkst mir die Möglichkeit, mich weiterzuentwickeln. Steck' den Zettel dann in deine Rock- oder Hosentasche und warte, was geschieht, wenn du ihn nach einigen Tagen wieder hervorholst. Meist weißt du gar nicht mehr, worum es sich handelt. Wenn du nun einen Blick darauf wirfst, kann es dir leicht passieren, dass sich deine Beurteilung dieser Schwäche geändert hat.

Humor ist eben weise und heilsam …

Das dritte Feld der Traumatisierung, die wir erlebt haben, ist jenes *unserer Wahrnehmung von Wirklichkeit:* Ist es denn noch begreifbar, wenn Gewaltakte passieren, die wir davor in Endzeitfilmen aus Hollywood gesehen haben? Und wenn diese Gewaltakte als ästhetische Inszenierung einbrechender Baugiganten in 18 Minuten weltweit medial um die Erde geschickt werden? Was ist in einer derart virtualisierten Welt noch Realität?

Wohl all das, was begreifbar ist. Begreifen aber können wir vor allem mit den Händen. Wirklichkeit hat also mit unserem Körper zu tun, wenn sie wirksam sein soll. Unser Körper ist der Sender und Empfänger unseres Daseins, der CNN[1] unserer Gefühle und die untrügliche Bühne dessen, was wir wirklich sagen wollen. Die erste Beziehung, die wir aufbauen können, ist jene mit ihm: Wir *haben* ihn nicht – wir *sind* Körper …

1 CNN: US-amerikanischer Nachrichtensender

Georg Wögerbauer

Hast du Freunde?

Diese Frage stelle ich den meisten meiner Patienten schon beim Erstgespräch – und staune, wie viele Menschen ihr Leben in der Polarität zwischen Arbeit und Familie gestalten, mit nur wenigen Freiräumen für sich persönlich und schon gar keiner Zeit für Freundschaften.

Ich bin sehr stolz und zufrieden, gute Freundinnen und Freunde zu haben, denen ich mich in Phasen von Ungewissheit und in Krisen anvertrauen kann, die mir Hilfe bei Entscheidungen, auch Hilfen bei anstehenden Abschieden sind.

„Die Hilflosigkeit ist der geeignetste Ausgangspunkt für Entdeckungen“, hat mein Freund und Lehrer WALDEFRIED PECHTL[P10] gesagt, und genau in diesen Phasen der Hilflosigkeit zählen Freunde.

Ein guter Freund ermöglicht mir, mich fallen zu lassen, ist da, wenn ich ihn brauche – und umgekehrt bin ich es auch für ihn.

Einem Freund kann ich Schwächen zeigen, und ich lasse mich auch von ihm darauf hinweisen. Solche Freunde zu haben ist ein Geschenk.

Dennoch sind solche Freundschaften nur leb- und gestaltbar, wenn ich mir auch Zeit dafür nehme. Viele der Leute, mit denen ich arbeite, beklagen, dass sie längst keine Zeit mehr haben – weder für sich noch für Freunde. Doch gerade in Krisensituationen, in die wir alle immer wieder kommen, ist ein tragfähiges Netzwerk von Beziehungen besonders hilfreich. Einerseits um

die Gewissheit zu haben: ich kann mich auch fallen lassen und bin dabei nicht immer auf eine starke Partnerin angewiesen, andererseits auch, um durch die Korrektivfunktion von guten Freunden wieder Hilfestellungen zu bekommen. Freunde dürfen unbequem sein, dürfen mich konfrontieren, wie es nur Freunde tun. Für mich sind sie auch wie gute Coaches, Begleiter, die mich auch in meiner Eigenart wertschätzen und trotzdem oder erst recht Freunde bleiben. Mit Freunden kann ich wichtige Lebensentscheidungen besprechen, streiten, rivalisieren, Feste feiern, wie es nur mit ihnen möglich ist.

Was bringe ich für diese Freunde ein?

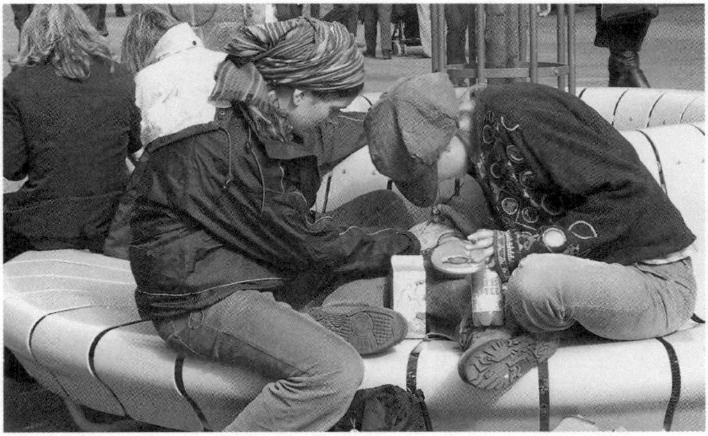

Ich will ihnen auch Freund sein, da sein, bereit zu Begegnungen. Als Freund will ich für Verrücktheiten mit ihnen bereit sein, und bei aller Struktur und bei aller Geplantheit in meinem Leben haben Freunde das Privileg, mich aus dieser Ordnung „herauszukicken“ und zu spontanen, manchmal auch verrrückten Aktionen zu überreden und dafür zu gewinnen. Mit Freunden lasse ich mich auf Unvernünftiges ein, plane Unmöglichkeiten und bin offen für neue Entdeckungen. Mit Freunden kann ich über meine Fehler lachen, fühle mich akzeptiert, trotz und wegen meiner Schwächen, bei Freunden zählen Vereinbarungen und werden gehalten – weil ich mich gehalten fühle.

Gerald Koller

Was gibt Heimat?

Wenn ich auf einer Insel ankomme, dann beginnt für mich ein ritualisierter Ablauf, der mir Orientierung und damit Heimat zu entwickeln helfen soll: Ich suche mir ein Zimmer, um mir Raum zu schaffen, der auch Rückzug ermöglicht. Dann dusche ich mir den Reisestaub vom Körper und habe damit das erste Mal das Gefühl, ein wenig angekommen zu sein. Ein nächster Schritt ist ein gutes Essen, das Leib und Seele zusammenbringt, mich wärmt und mich erste Wurzeln schlagen lässt. Und schließlich – es mag seltsam bis kurios erscheinen – sehe ich mir am Heimweg alle Fahrpläne der Schiffsverbindungen an, die von dieser Insel wieder wegführen.

Auch gestern Nacht, als wir hier in Milos[1] ankamen, sind wir diesem Ritual gefolgt, und Georg war über mein nächtliches Lesen der Schifffahrtspläne recht verwundert.

Es macht ja auch den Anschein, dass ich, kaum angekommen, schon wieder weg will und somit ein typisches Beispiel für unsere gehetzte Kultur abgebe. Ich jedoch, so erklärte ich ihm vor dem Zu-Bett-gehen, brauche diese Orientierung, um mit dem Umfeld der Region, in der ich mich gerade befinde, in Kontakt zu treten; um also den Platz, an dem ich bin, in größerem Zusammenhang zu erleben.

Heimat ist viel mehr als ein geographischer Begriff. Heimat haben wir zuerst einmal in unserem Körper, in unseren Bezie-

1 Milos: südlichste Insel der Westkykladen

hungen, in einer Region, viele von uns in einem spirituellen Netz. Heimat, die Suche nach einem Zentrum, gehört zu den intensivsten menschlichen Sehnsüchten und Bedürfnissen.

Wer aber über Heimat spricht, ist auch aufgefordert, über *Territorium* nachzudenken. Während sich Heimat um eine *Mitte* formiert, versteht sich das Territorium *als abgegrenzter Raum,* dessen Grenzen dazu dienen, sich vor dem Anderen, Fremden zu schützen. Ist Heimat also innen-, so ist Territorium außenorientiert. Das äußert sich in Worten wie: *Das Boot ist voll.*

Kampf und Krieg wird nicht um Heimat, sondern um Territorien geführt, in der Welt der Tiere wie in jener der Menschen. Es sollte uns zu denken geben, dass alle führenden Territorialforscher aus Österreich stammen – offensichtlich haben wir am Schnittpunkt der Kulturen eine besondere Affinität zum Territorium – mit all den Ängsten vor Verlust, die wir täglich miterleben können.

Die multi-ethnische Gesellschaft, das Nebeneinander von Menschen, Familien und Gruppen verschiedener Sprache, Hautfarbe und Kultur, ist in vielen Regionen unseres Landes Gegenwart, in allen jedenfalls Zukunft. Die multi-ethnische Gesellschaft meint nicht das Miteinander, jedenfalls aber das friedvolle Nebeneinander von Kulturen und erfordert eine Haltung des Teilens, die uns gut ansteht, wo wir doch *alle* BewohnerInnen und Beschenkte des *einen* Planeten sind. Wer aber – wie ich – am Tag vor der Abreise mit öffentlichen Verkehrsmitteln durch unser Land fährt, kann Szenen erleben, in denen sich die Territorialangst auf dem ehestmöglichen Weg Luft zu machen versucht – über Gewalt:

Die Stille zwischen den Fahrgästen der Wiener Straßenbahnlinie 18 wurde unterbrochen, als an einer Haltestelle am späten Abend fünf Jugendliche mit schweren Stiefeln und Military-Kleidung den Triebwagen betraten. Sie hatten sich mit Bier und Gruppe Mut gemacht, hoben jetzt die rechte Hand und gaben Kostproben ihrer Gesinnung von sich. Da entdeckte der Anführer einen jungen Mann mit dunklerer Hautfarbe und schoss sofort auf ihn zu. „Verschwinde, Türke, sonst schlag' ich dich zu Brei." Der eingeschüchterte junge Mann wollte aussteigen, wurde aber vom Rädelsführer festgehalten. „Was wollt ihr bei uns, geht doch zurück in euer Land!"

Zwei Mädchen nahmen sich schließlich ein Herz und gingen auf den verbalen Gewalttäter zu: „Lass' ihn, er hat dir nichts getan".

Nichts getan – darum geht es den Territorialkämpfern gar nicht. Das *Dasein* des Nomaden reicht bereits, um empfindlich zu stören.

Der Kampf um Territorien ist immer ein Kampf zwischen Nomaden und Sesshaften. Diese beiden prinzipiellen kulturellen Lebensformen unterscheiden sich grundlegend: Entwickeln sesshafte Kulturen Besitz und schützen diesen, so sind Nomadenkulturen solche, die sich immer wieder neu an ihre konkrete Lebensumwelt anpassen/anpassen müssen.

Manche Kommentatoren haben nicht Unrecht, wenn sie den Kampf um Afghanistan auch als *den Kampf zwischen dem jüdischen und christlichen Siedlergott und dem letzten Nomadengott* bezeichnen. Doch so einfach liegt die Sache nicht mehr. Menschen, die als ArbeitsmigrantInnen in unsere westliche Welt kommen, sind selbst nicht mehr Nomaden, sondern kommen aus ihrerseits sesshaften Kulturen und haben Probleme der Anpassung. Und wir, die wir aufgrund einer globalisierten Wirtschaft immer mehr zum modernen Nomadentum der Mobilität gezwungen sind, entwickeln nicht umsonst ähnliche Adaptionsängste und rufen nach territorialer Heimat. Und gerade die, die sich in dieser neuen Nomadenwelt als Verlierer wähnen, werden dann zu Fahnenträgern jener Politiker, die den Schutz der Heimat versprechen.

Wie schwierig die Balance zwischen Nomaden und Sesshaften ist, macht uns einer der ältesten griechischen Helden bewusst, dessen Geschichten in der Ägäis[1] allgegenwärtig sind: ODYSSEUS ist wohl der Urtyp des Suchenden, der sein halbes Leben unterwegs ist, um doch nur eines zu wollen: Heimat! Heimat in Männerbünden, Rauscherlebnissen, erotischen Abenteuern, im Versprechen ewiger Jugend, im Kampf um Territorium.

Heimat findet er schließlich, als er die Mitte seines Lebens findet: in seiner Beziehung und Erinnerung, am Bett, das er einst aus dem Stamm einer Olive geschnitzt hat.

An den Stamm eines Olivenbaums gelehnt, schaue ich über das silberglänzende Meer und sehe ein Frachtschiff, das da draußen am Horizont seine Bahn zwischen den Kontinenten zieht. *Ein Schiff:* das ist immer wieder das archetypische Symbol der Ausgewogenheit, der Balance zwischen Heimat und Abenteuer, Gewohntem und neuer Anforderung, die wir jedes Mal neu herzustellen haben.

1 Ägäis: Teil des Mittelmeers zwischen Griechenland, Kreta und der Türkei

Ein Schiff, das nur im Hafen liegt, verrostet – es braucht also auch das Abenteuer des offenen Meeres. Ein Schiff wiederum, das nur auf offenem Meer herumfährt, wird seine Besatzung verdursten lassen – es braucht die Heimat des schützenden Hafens. Leben ist die dauernde Balance zwischen Sesshaftigkeit und Mobilität: Es gilt hinauszufahren aufs offene, unbekannte Meer, um neue Erfahrungen zu machen – und schließlich heimzukehren, um die Ladung zu löschen. Jede Unausgewogenheit in diesem Spiel macht – wenn sie länger besteht – krank.

Doch wie ist es um die Bereitschaft zur Mobilität bestellt?

Und wird die Illusion der abgegrenzten Territorien in einer komplexen Welt aufrecht zu erhalten sein?

Alle Prognosen deuten darauf hin, dass es in den kommenden Jahrzehnten zu noch viel größeren Völkerwanderungen kommen wird. Im Gegensatz zu unserer bisherigen Annahme werden wir MitteleuropäerInnen nicht nur die Bereisten, sondern auch die Reisenden sein: Die Jobsituation in einer komplexen Welt fordert immer mehr Mobilität und modernes Nomadentum. Wer Arbeit möchte, kann nicht mehr auf Sicherheit des Ortes und der Institution setzen (wer hätte noch vor zehn Jahren gedacht, dass Post, Bahn und Swissair[1], die Jobgaranten unserer Kindheit, zu Unsicherheitsfaktoren werden?). Schon heute müssen Anwärter für Jobs im mittleren Management von Global Players[2] die Bereitschaft zur geographisch unbegrenzten Einsetzbarkeit unterschreiben. *„Heute hier, morgen fort"* lautet die Devise, die die Menschen zwischen Europa, Asien und anderen Kontinenten hin- und herbewegt und deren Auswirkung auf das Beziehungsleben noch viel zu wenig bedacht wird.

Wie mobil sind die ÖsterreicherInnen?

Eine EU-Statistik, die danach fragt, ob jemand bereit ist, für einen Arbeitsplatz mehr als 100 km Ortswechsel vorzunehmen, weist unser Land an *vorletzter* Stelle aus. Die Angst vor dem Fremden und Unbekannten führt die Menschen also – nicht nur im Urlaub – zu den vertrauten Ausgabeplätzen von Schnitzel und Hamburger. Will unser Bildungssystem die Entwicklung einer zukünftigen Beziehungsfähigkeit fördern, die immer wieder neu zu erproben ist, muss es wohl vermehrt auf die Tradition der Lehr- und Wanderjahre zurückgreifen …

1 Swissair: schweizerische Fluggesellschaft
2 Global Players: Konzerne, die weltweit tätig sind

Das Territorium gibt also keine lebendige Heimat, nur Verteidigungsraum.

Heimat finden wir vielmehr im Netz der Beziehungen, in den wir leben und die wir beleben. Sie sind – wie schon im vorhergehenden Kapitel beschrieben – greifbare Wirklichkeit und damit gestaltbar. Nur über Beziehungen können wir Heimat aufbauen, in unserem Körper, in der Begegnung mit der/dem anderen, mit der Natur.

Und als tiefste und grundlegendste Heimat kann uns die Beziehung zu unserem spirituellen Urgrund gelingen, wenn wir ihn täglich neu (auf-)suchen.

Was gibt *dir* Vertrauen und Sicherheit?

Das gute Gehalt – das du doch jederzeit verlieren kannst?

Die Lebensversicherung – deren Einlösung doch hoffentlich nie eintreten möge? Oder jene Momente, in denen du dich umfassend, mühelos und leicht getragen fühlst?

Die herbstliche Mittagsruhe macht das Licht und den Blick weich. Ich schaue zur Insel Kimolos[1] hinüber und meine Erinnerung reist zu einem Felsen dort im Inselsüden, auf dem ich vor etwa 20 Jahren gestanden bin.

Vor und hinter mir brach er etwa 100m hinunter ins gischtende Meer. Die letzte Felsspitze zu erreichen war mir nur möglich, indem ich einen gewagten Schritt auf einen handtuchbreiten Felsen tat und mich dabei hinten an einem Felszapfen festhielt, der etwa 20cm aus dem Gestein herausragte. So stand ich nun mit zitternden Knien, gebeutelt vom Wintersturm der Ägäis, vor und hinter mir der tobende Abgrund – und dennoch ungeheuer lebendig und mitten im Leben. Nach einigen Minuten fasste ich Vertrauen in die Situation und entwickelte „Heimat". Der krallende Griff um den Felszapfen wurde zum lockeren Sicherheitshalt, den ich erst wieder umklammerte, als ich auf sichereres Terrain zurückstieg. In jenem Moment, als ich den Felszapfen losließ, zerbröselte er in tausend Stücke, als sei seine Aufgabe erfüllt – und als hätte ich ihm *Halt gegeben.*

Wer aber hat mich *in diesem Augenblick gehalten?*

1 Kimolos: Kleine Insel nördlich von Milos

Gerald Koller

Be-Ziehung

Ausgewogenheit und Spannung – das macht Beziehung aus. Wie in der Polarität von Heimat und Abenteuer braucht es wohl von beiden, um lebendig zu bleiben.

Versuch doch, mit einem Partner/einer Partnerin Beziehung darzustellen! Stellt euch gegenüber, nehmt euch an der Hand, schaut euch in die Augen und lehnt euch mit durchgestreckten Armen dann beide zurück. Ihr werdet in der Beziehung, dem Zug eurer Arme die Kraft spüren, die euch – nach einigen Momenten der Übung – in der Waage hält.

Ausgewogenheit tritt ein, die euch auch bei verschiedener Körpergröße und Gewicht ohne Anstrengung nach hinten lehnen lässt: also in eine Position, in eine Situation gehen, in die ihr alleine nicht gehen könntet, ohne umzufallen. Das macht Beziehung aus.

Ihr werdet in dieser Übung aber auch bemerken, dass Beziehung nichts Statisches an sich hat, sondern der dauernden Wahrnehmung und Balance bedarf.

„Das Zwischen muss täglich neu aufgebaut werden" sagt der deutsche Mystiker und Philosoph Martin Buber[P1] und formuliert damit einen wesentlichen Grundsatz der Kommunikation: *das „Zwischen dir und mir", das „Zwischen mir und der Welt" ist der wesentliche Lebens- und Spielraum, in dem Entwicklung passiert.* Er wird aber nicht ein für allemal definiert – jede Partnerschaft braucht das immer neue Sich-einstellen auf aktuelle Gegebenheiten und Entwicklungen, um in der Balance zu bleiben. Was gestern gültig war, muss heute nicht mehr stimmen, was heute heilt, kann morgen schaden.

In Ausgewogenheit von Beziehungen zu sein, bedeutet also nicht Statik, sondern stete Entwicklung.

Das Schiff, auf dem ich diese Zeilen schreibe, schwankt, ja tanzt beinahe auf den Wellen der Ägäis, die ein stürmischer Herbstwind vor sich hertreibt, seitdem wir Milos in südlicher Richtung verlassen haben. Ich kann hier nicht mehr an Deck sitzen und schreiben, wie ich es bisher getan habe – ich muss mich aufmachen und eine neue Position suchen, hinten am Oberdeck, wo ich die Bewegungen des Schiffes sehe und mit meinem Körper ausbalancieren kann. Wenn ich selber tanze, mich selbst bewege, vermeide ich Seekrankheit – das weiß ich von vielen Schiffsreisen. Ich trete also in Beziehung mit dem, was aktuell ist und indem ich selbst spiele, bin ich nicht Spielball anderer.

Die Wetterfront zieht weiter, das silberne Licht des Südens bricht hervor und unser Schiff nimmt ruhigen Kurs auf Agios Nikolaos[1]. Ich mach's mir auf einem Stuhl bequem, strecke die Beine über die Reling und lasse den Blick über den weiten Horizont streifen, der nirgends so das runde Gesicht der Erde zeigt wie hier am Meer.

Was wollte ich noch zu Beziehungen sagen?

Ich muss wohl erst Beziehung zum Thema aufnehmen! Ach ja: Beziehungen haben nicht nur mit Ausgewogenheit, sondern auch mit *Spannungen* zu tun. Die Spannung spürst du mit deinem Partner/mit deiner Partnerin, wenn ihr einander gegenübersteht, euch an euren Armen haltet und euch zurücklehnt: in euren Muskeln, in eurem Bauch. Die Spannung eurer Beziehung spürt ihr wohl an jedem Tag, wenn ihr euren Alltag verlässt. In der Erotik, aber auch im Konflikt.

Beziehung bedeutet immer auch das Umgehen mit Konflikten.

In unserem Buch wird diesem Thema ein eigenes Kapitel (Fair streiten, Seite 87) gewidmet – wie ihm auch in unser aller Leben einige Kapitel gewidmet sind.

Hier nur soviel: Beziehungskultur, die es mit Spannung und Ausgewogenheit hält, ist immer wieder aufgefordert, Auseinandersetzung zu üben. Sich – auseinander – setzen, das bedeutet: meinen Stuhl ein bisschen von dir wegzurücken, um in der Distanz dich, mich und das Dazwischen besser wahrnehmen zu können, als es in der Nähe möglich ist. Führt doch zuviel der Nähe oftmals zum Infight, in dem jede Bewegung, die Entwick-

1 Nikolaos: Stadt im Osten Kretas

lung auslöst (auch Konflikt ist Entwicklung) den anderen unwillkürlich verletzt. Auseinandersetzung bedeutet auch, das Verweilen im Sumpf der eigenen Gedanken und Bilder zu beenden und den Blick aufzurichten, um den/die (Konflikt-)PartnerIn wahrzunehmen.

Wie wollen wir jemals wahr-geben, wenn wir nicht vorher wahr-nehmen können?

Wer sich aber in eigenen Vorurteilen und Projektionen verheddert, wird mit dem Wahr-nehmen der eigenen und anderen Bedürfnisse und des konflikthaften Dazwischen immer wieder Probleme bekommen. Nicht der Angriff nach vorne ist also Beziehungsziel im Konflikt, sondern das Pause-Machen, das Druck herausnimmt und Raum schafft.

Doch ehrlich gesagt: wenn's einmal heiß hergeht, dann schaffe ich das auch nicht. Konfliktkultur will präventiv geübt sein. Nur wenn ich mir meiner Vorurteile über die anderen bewusst bin, können sie mir im Konfliktfall nicht solche Streiche spielen, wie sie es üblicherweise tun.

PAUL WATZLAWICK[P17], der Vater des Konstruktivismus (der uns deutlich macht, dass es *die* Realität nicht gibt, sondern dass wir unsere Realitäten immer nur durch unsere Wahrnehmung schaffen: das, was wir wahrnehmen, ist für uns real), nennt unsere Vorurteile *„self fullfilling prophecies"*. Diese sich *selbst erfüllenden Prophezeiungen* bilden perfekte Teufelskreise: wenn wir von jemandem annehmen, dass er uns nicht gut gesonnen ist, so werden wir uns ihm gegenüber so verhalten, dass er sehr bald Aggression gegen uns aufbaut.

In einem seiner Bücher beschreibt WATZLAWICK einen solchen Teufelskreislauf am Beispiel einer möglichen *Beziehung zwischen Finanzämtern und Steuerzahlern:*

Die Finanzämter gingen 1.) davon aus, dass ihre KlientInnen Steuern hinterziehen, es würde daher 2.) die Steuerbemessungsgrundlage so hoch angesetzt, dass auch ein tatsächlich respektabler Betrag in das Säckel des Finanzministers fließt. Wenn nun 3.) ein kleiner Gewerbebetrieb all die Steuern zahlen würde, die ihm auferlegt sind, so meint Watzlawick, würde er Gefahr laufen, in Konkurs zu gehen, er würde also 4.) Steuern hinterziehen!

Wer war hier nun zuerst? Der Steuerhinterzieher oder das Misstrauen des Finanzamts?

Und wer kommt zuerst: das missratene Kind oder jene, die ihm sagen: „Aus dir wird ohnehin nichts"? Und wer startete den

Konflikt: die aggressive amerikanische Wirtschafts- und Machtpolitik oder die Aggression der arabischen Welt?

Beziehungsspiele, die endlos verlängert werden können und zu keinem Ergebnis, sondern nur zu einem Mehr an Gewalt und Verunsicherung führen.

Wie stark „self-fullfilling-prophecies“ wirken, haben verschiedene Forschungen auf diesem Gebiet gezeigt: so wurden LehrerInnen, die neu an eine Schule kamen und eine Klasse übernahmen, die Zeugnisse der SchülerInnen dieser Klassen aus dem Vorjahr zur Information überreicht. Sie waren jedoch ausgetauscht worden – den SchülerInnen mit schlechten Leistungen wurden die gefälschten Zeugnisse mit guten Noten zugeeignet und umgekehrt. Die Lehrkraft übernahm diese Desinformation in ihr Verhalten und verhielt sich entsprechend gegenüber den SchülerInnen. Das Ergebnis nach einem halben Jahr: die vorher Erfolgreichen brachten nun wirklich schlechte Leistungen (offensichtlich fühlten sie sich ungerecht behandelt), die anderen jedoch blühten auf (weil sie Wertschätzung erfuhren)!

Und wer ein weltpolitisches Beispiel sucht, braucht sich wohl nur an die Tage nach dem 11. September 2001 erinnern: nur wenige Stunden nach den Anschlägen wurden (gefälschte) Bilder von jubelnden palästinensischen Kindern gezeigt, Osama Bin Laden wurde unmittelbar nach den Anschlägen als Drahtzieher bezeichnet und die afghanischen Taliban rückten sofort in den Mittelpunkt des Medieninteresses. Sie wiederum sprachen sofort vom gerechten Kampf und „heiligen Krieg“ gegen die Vereinigten Staaten.

Zwischen welchen Konfliktgegnern hätte es dann wohl Krieg geben sollen, wenn nicht zwischen jenen, die – sozusagen aus der Hüfte – als solche medial aufgebaut worden waren?

„Self-fullfilling-prophecies“ sind die effektivste Form von Projektionen – und Projektionen haben größte psychische Kraft. Verweisen sie doch alle Teile an Verantwortung als Schuld auf den/die anderen; und finden sie – meist höchst effizient – einen Sündenbock, der all die Gefühle tragen muss, mit denen wir sonst wohl auch uns selbst in Beziehung bringen müssten.

Du wirst viele Beispiele aus deinem Alltag kennen – und du hast wohl auch schon bemerkt, dass es nur eine Chance gibt, solche Projektionen zu durchbrechen: wenn du dir deiner eigenen Anteile am Geschehen bewusst wirst.

Dies betrifft natürlich nicht nur Einzelpersonen, sondern

gerade auch Gruppen, Gesellschaften und Kulturen. Auch wir als Familie haben solch ein Erlebnisfeld, in dem uns die Wirksamkeit von „self-fullfilling-prophecies“ immer wieder vor Augen geführt wird.

Vor vier Tagen, als Freund Georg und ich mit dem Schiff Piräus[1] verlassen haben, habe ich mich im Rückblick lächelnd daran erinnert: Athen. Noch nie haben wir diese Stadt gemocht, immer noch haben wir das Schlimmste erwartet – und auf jeder unserer Reisen ist es auch eingetreten! Eine Überschwemmung am Flughafen unter tausend hysterischen Menschen hat uns unseren Anschlussflug verpassen lassen, verlorene Gepäckstücke, rasende Taxifahrten, um doch noch das Schiff nach Kreta zu erreichen, Kontrollorgane, die uns aus dem vollkommen überfüllten Bus zerrten, weil wir zu viert, vollbepackt mit Reisegepäck und schweißnass mitten in einer Traube von Menschen steckten und unsere Tickets am (weit von uns entfernten) Automaten nicht entwerten hatten können und uns zu einer horrenden Geldstrafe verdonnerten: immer wieder wir! Warum passierte das immer wieder uns? Wohl auch deshalb, weil wir von und in dieser Stadt nichts anderes mehr erwarteten!

Wer also etwas an einer Beziehung ändern möchte, hat nur eine Möglichkeit dazu: sich selbst zu ändern …

1 Piräus: Hafen von Athen

Georg Wögerbauer

Ich bin ein Beziehungsmensch und genieße das Alleinesein

Menschen, die im Ich-Bereich Zufriedenheiten formulieren und benennen können, können vielfach auch auf der Beziehungsebene Zufriedenheiten entdecken.

Ich denke an einen 35-jährigen Mann, der, befragt nach seinen Zufriedenheiten, mir sofort von seinen beruflichen Erfolgen und seiner beruflichen Position erzählt. Auf die Frage nach den Zufriedenheiten im Ich-Bereich antwortet er mir mit Unzufriedenheiten, beginnt dann auch sehr schnell darüber herzuziehen, wie unzufrieden er sich in seiner Partnerschaft fühle. Auf die Frage „Haben Sie Freunde?“ wird er traurig und beteuert, schon lange keine Zeit mehr für Freunde zu haben. Sein Tag sei so durchorganisiert, gestaltet von Laptop, Handy, Internet, dauernder Ruf- und Anrufbereitschaft, dass er für sich persönlich und für seine Partnerschaft kaum mehr Freiräume zur Verfügung habe.

Die ursprüngliche Liebesbeziehung zu seiner Frau beschreibt er als eine eher spannungslose, coole und funktionale Beziehung mit dem klassischen Kommentar „Man lebt!“. Dieser Mann hat zunehmend seine Beziehungsfähigkeit zu sich selbst und zu seiner Lebenspartnerin verloren. Er lebt in einer Abhängigkeitsbeziehung zu seiner Arbeit und bewertet seinen Lebenserfolg an Karrieresprüngen und der monatlichen Gehaltsüberweisung.

Ein wichtiger Schwerpunkt in den ersten Stunden der gemeinsamen Arbeit mit diesem Mann war das Entwickeln von hilfreichen persönlichen Ritualen, die ihm wieder ermöglichen, sich mit sich selbst zu beschäftigen, sich dafür auch Freiräume zu schaffen. Im Fall dieses jungen Managers, der im Informatikbusiness quasi 24 Stunden online für seine Firma abrufbar war, bestand das erste Ritual darin, dass ich gemeinsam mit ihm „handyfreie Zeiten“ entwickelte, die ihn bemerken ließen, wie sehr die von den Medien suggerierte Mobilität, Vernetztheit und Flexibilität aufgrund der technischen Entwicklung ihn tatsächlich unbeweglich, starr, unerreichbar und kommunikationsgestört werden ließ.

Ein zweiter Schwerpunkt, den wir entwickelten, um die Beziehungsfähigkeit zu fördern, bestand in der klaren Definition einer beruflichen Auszeit. Dieser junge Manager hatte es sich zur Gewohnheit gemacht, immer noch vor dem Schlafengehen die Mailbox seines Laptops durchzublättern: Daraus entstand dann die Gewohnheit, drei- bis viermal in der Woche bis 1 oder 2 Uhr früh direkt die Mails zu beantworten oder auch konkrete Arbeiten durchzuführen.

Kein Wunder, dass dieser Patient bei der Befragung seiner Beschwerdebilder von Schlafstörungen, Lustlosigkeit und sexuellen Funktionsstörungen erzählte. Nach mehreren Widerständen wagte er das Unmögliche, seinen Laptop im Büro zurückzulassen, um am nächsten Tag um 8 Uhr früh zu Arbeitsbeginn die anstehenden Mails zu beantworten.

Das hier beschriebene „Mailbox-Syndrom" wie auch das „Handy-Syndrom" sind für mich klassische Beziehungskiller, ähnlich wie das „Fernseh-Syndrom". Für alle Syndrome gibt es eine Vielzahl von Argumenten, mit denen wir unsere Abhängigkeit zu rechtfertigen versuchen. Viel häufiger steckt bei vielen Menschen die Angst vor näheren Beziehungen dahinter, Angst deswegen, weil wir vielfach auch die Nähe zu uns selbst schon verloren haben. Viele Menschen erzählen mir von ihrer großen Sehnsucht nach Nähe und gelingender Partnerschaft, aber sie vermeiden oft die Nähe zu sich selbst.

Je beziehungsloser ich zu mir selbst bin, je beziehungsloser ich in sogenannten Scheinbeziehungen oder „bestenfalls" Abhängigkeitsbeziehungen lebe, umso manipulierbarer bin ich durch die Medien- und Konsumindustrie. Nicht weil das Unterhaltungsprogramm des TV so intelligent und differenziert ist oder die Nachrichtensendung „Zeit im Bild" so moralisch erbauend, sondern weil wir lebensstilbedingt zu erschöpft sind, um wirklich noch Beziehungen zu leben, verfallen viele von uns dem Fernseh-"konsumismus". Ich staune, wie hochintelligente und sehr differenziert denkende Menschen bis zu zwei Stunden täglich vor dem Fernseher verbringen. Regelmäßig, gleich Süchtigen, setzen sie sich immer wieder davor, um sich danach über die „sinnlos vergeudete Zeit" zu beklagen. Im Sinne der Medienindustrie, im Sinne derer, die davon profitieren, dass viele Menschen ihre freie Zeit nicht mehr gestalten können, ist es natürlich keine sinnlose

Zeit: hier werden Menschen in einer Einbahnkommunikation berieselt, entweder gewaltadaptiert oder mit verzerrten Wirklichkeiten konfrontiert, jedenfalls in einer Abhängigkeit gehalten, die sie letztlich auch einsam macht.

Ich behandle Menschen, die nur mehr vor dem Fernseher einschlafen können, um dann gegen drei Uhr früh wirklich ins Bett zu gehen. Aus der Stressforschung wissen wir, dass auch im Schlaf vor laufendem Fernseher eine Vielzahl von Reizen durch das Zentralnervensystem registriert wird. Wenn wir Sehnsucht nach Beziehungen haben, dann müssen wir uns selbstkritisch fragen, wie weit wir uns in unserer Lebensgestaltung nicht ständig einer Überfülle von Reizen aussetzen, die uns „reizen", zu dauergereizten Menschen machen und in unserer Beziehungsfähigkeit massiv einschränken.

Ich genieße das Alleinesein – aber alleine sein ist nicht Einsamkeit.

Alleine sein heißt in Beziehung mit mir sein können. Eingebettet in eine Vielzahl schöner Beziehungen privat, und auch in meinem Beruf erlebe ich Freiräume, die ich für mich alleine gestalte, als besonders wertvoll. Das sind Zeiten, in denen ich auch Kraft schöpfe, in denen ich mir erlaube „anzuhalten", um für mich wieder zu einer Standortbestimmung zu kommen.

Wer bin ich
was will ich

Wohin will ich
mit wem
was tun
was nicht tun

Was trägt mich
wofür sorge ich
wie?
für mich

Was will ich
tun –
mit der Zeit,
die mir zu leben
geschenkt ist?

Waldefried

Du bist mein Freund
obwohl du nicht mehr bist.
Vor einem Jahr noch,
da haben wir beide getanzt
an meinem Geburtstag.

Du bist mein Lehrer
obwohl du nicht mehr bist.
Der Lehrer der
wertschätzenden Akzeptanz
in Beziehungen.

Du – immer Vorbereiteter
Kräftiger
mit funkelnden Augen
Meister der Energie
Künstler in Begegnungen.

Du bist da
obwohl du nicht mehr bist.
Wieviel haben wir
miteinander bewegt
gelacht
getrunken
gefeiert
genossen?

Du bist da in vielen Begegnungen,
die du gelebt, gestaltet hast,
obwohl du nicht mehr bist.
Du Menschenbeweger
bewegst sie weiter
Bergläufer – Wüstenmensch
obwohl du nicht mehr bist.

Du mit einem starken Ich
von dir habe ich gelernt
dass das Einhalten von Vereinbarung
mit Wertschätzung zu tun hat.

Beziehungs Weiser Du!
Du lehrst mich Strukturen
als hilfreiche Krücken zu nutzen
mich im richtigen Moment davon zu befreien
Du sprichst von Zielorientierung
und vom Unerkennbaren
obwohl du nicht mehr bist.

Ich danke dir
für das Viele und Schöne
das du herausgelebt
herausgeliebt
und hineingeliebt hast
in Menschen
denen ich begegne –
mir selbst und gemeinsamen Freunden.

Danke – Waldefried – Freund
der weiter lebt – anders!

Gerald Koller

Beziehungen: Spiegel unseres Bewusstseins

Welche Richtung hat Entwicklung, insbesondere die Entwicklung unseres Bewusstseins?
Unsere patriarchale[1] Wachstumsgesellschaft meint, Entwicklung sei linear: Jede Ursache zeitigt eine Wirkung (also muss auch alles eine klar erkennbare Ursache haben).

Die Zielrichtung heißt: immer schneller, größer, besser.

Nicht nur unsere Wirtschaft versucht sich in dieser Vorgehensweise, auch die Pädagogik meint, dass Fortschritt ihr wesentlichster Auftrag ist. Entwicklung wird also mit Fortschritt gleichgesetzt (fort von wem, ließe sich hier fragen).

In den alten matriarchalen[1] Kulturen wurde Entwicklung als Kreis erlebt. Das immer Gleiche im Kreislauf der Monate, Jahre und Leben definierte menschliches Sein. Entwicklung heißt in dieser Kultur: Wiedergeburt desselben in neuer Gestalt.

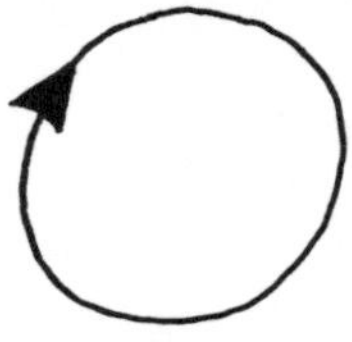

1 patriarchal, matriarchal: Gesellschaftsformen, die vom Vater- bzw. Mutterrecht (auch in der Erbfolge) ausgehen.

Die *Evolutionsforschung,* deren wichtigster aktueller Vertreter Ken Wilber[P19] ist, kommt zu einem Schluss, der Kreis und Linie integriert und weiterentwickelt – und damit der Realität des Lebens, biologisch wie sozial, am nächsten kommt. Entwicklung geschieht in Spiralen!

Die Spiralform, die sich nicht umsonst im Grundelement des menschlichen Lebens, im Aufbau der DNS wiederfindet, gibt uns eine wichtige Antwort: Entwicklung passiert nicht im Fortschritt oder in der Wiederholung allein, sondern im steten Zusammenspiel der beiden. Und noch etwas: *zur Entwicklung gehört auch der Rückschritt!* Wie die Schleifen in unserer Graphik symbolisieren, gehen Entwicklungsprozesse vorwärts, bedürfen aber dann, um *ganz* zu werden, der Regression, also des Rückschritts! Die Krise, die Krankheit, die depressive Verstimmung, der Rausch, der Konflikt, das Spiel – all diese Facetten des Lebens, in dem wir in unserer Fortschrittgesellschaft nur allzugerne Probleme sehen, sind wichtige Helfer in jeder Entwicklung!

Das Kind, das mit hohem Fieber zwei Wochen im Bett liegt und schließlich wieder aufsteht, kann 20 neue Worte sprechen. Niemand hat sie ihm in der Zwischenzeit gelehrt. Offensichtlich hat es sie schon vorher gehört, aber noch nicht verstanden. Es brauchte die Regression, um sie in sein Bewusstsein zu integrieren, ebenso wie manche/r SchülerIn eine *Warteschleife* in der Schule braucht (wie bezeichnenderweise ein wiederholtes Schuljahr genannt wird) oder der Topmanager das ausgelassene Spiel mit Freunden.

Unsere hochkulturelle Gesellschaft tut sich schwer mit der Regression – zu sehr rührt sie an unseren Ängsten vor Chaos und Verlust von materiellem oder geistigem Besitz: Sie muss also behandelt werden.

Andere Kulturen hatten da mehr Vertrauen: die Wikinger kannten das Recht auf „Aschenjahre“. Wenn einer das Gefühl hatte, dass sich die Richtung seines Lebens verändert (wie in der Pubertät oder einer ähnlichen Übergangszeit), wurde der Person die Möglichkeit gegeben, sich in die Asche rund um das ewige Feuer zu legen und dort so lange zu verweilen, wie sie dies brauchte – mitunter Wochen und Monate. Sie war von allen Verpflichtungen entbunden, Speisen und Getränke wurden ihr gebracht, sie konnte sich auf das Dunkel, das ganz Andere und das aufkeimende Neue darin konzentrieren. Und sie durften auch als „Nutzlose“ in der Mitte der Gesellschaft leben.

Und wir? Uns fehlt das Vertrauen, das die Wikinger hatten, dass dies alles gut ausgehen würde (- und in den Chroniken heißt es ja weiter, dass die Menschen aus der Asche stiegen, sich wuschen und die treuesten und tapfersten Mitglieder ihrer Gemeinschaft wurden). *Wir* sehen in der Regression Gefahr – und lieben sie dennoch (sonst wären ja alle Sportstadien, Spielhallen, Heurigen und Seminarhäuser leer). Ein gespaltenes Verhältnis, aus dem heraus es gilt, heilsame Beziehung aufzubauen.

Um lieben zu lernen und liebenswert zu sein, ist es notwendig, dass wir nicht nur unsere Stärken, sondern auch unsere Schwächen lieben! Das ist die zentrale Botschaft, die uns JESUS VON NAZARETH hinterlassen hat: *auch wenn du erst kurz vor Torschluss in den Weinberg kommst, erhältst du den vollen Lohn.*

2000 Jahre Christentum waren offenkundig zu wenig für die Menschheit, um diese heilsame Botschaft zu verstehen und umzusetzen – oder zu viel, sodass sie in das Gegenteil pervertiert werden konnte: aus dem liebevollen Umarmen der Schwäche wurde die Verdammung zur Schuld – sodass unsere Schwächen uns in einen Dauerzustand des Minus und des Mangels stürzen und uns zu einer lebenslangen Aufholjagd nach Erfüllung, Vergebung, Ganzwerden und Glück treiben: ein „teuflischer“ Kreislauf.

Ist es wirklich das Ausruhen auf unseren Stärken, das Entwicklung fördert – oder nicht vielmehr die liebevolle Auseinandersetzung mit unseren Schwächen?

Hätten wir keine Schwächen mehr, dann wäre ja gar keine Entwicklung mehr notwendig! Der Mangel, die Regression, der Konflikt: sie sind also die wichtigsten Motoren für Entwicklungsprozesse.

Schon vor 150 Jahren formulierte der Arzt und Jesuit RÖSSLER[P14] Gesundheit nicht als die Abwesenheit von Problemen, sondern als *„den Mut, mit ihnen umzugehen“.*

Hast du schon einmal erlebt, dass dich Vorsätze wirklich weiterbringen? Oder wolltest du mit ihnen nicht viel lieber ungeliebte Schwächen ausmerzen, bekämpfen, vernichten? Gibt es in der deutschen Sprache ein gewalttätigeres Wort als das vom „sich zusammenreißen"? *Heilsame Momente in Beziehungen sind jene, in denen der/die andere uns sagt, dass das, was wir an uns nicht mögen (unsere Schüchternheit, unser impulsives Verhalten, …) für andere gerade attraktiv ist!* Vgl. dazu auch das im Kapitel „Trauma" Gesagte.

Wenn sich das menschliche Bewusstsein im steten Miteinander *von Fortschritt und Wiederholung* entwickelt, so muss dies wohl auch für das Bewusstsein von Gesellschaften und Kulturen gelten.

Ken Wilber erkannte das und stellt dar, dass sich Kulturen ebenso entwickeln wie das Bewusstsein des Kindes:

Das Neugeborene entwickelt zuerst ein Körperbewusstsein und kommuniziert aus diesem. Ebenso tun dies naturnahe Stammeskulturen, die die Welt magisch begreifen. Schritt für Schritt entwickeln sich die Bewusstseinsschichten – beim Kind über das Ergreifen und Codieren der Welt über Bilder und Worte bis zum Einnehmen einer bestimmten Rolle in Gesellschaften über das Begreifen der Welt durch Mythen bis zum sozialen Schichten- und Kastendenken.

300 Jahre lang hat die westliche Welt nunmehr versucht, die Vernunft als zentrale Bewusstseinsinstanz einzuführen. Auf Descartes'[P3] *„Ich denke, also bin ich"* baute eine gesamte rationale Kultur auf, deren größter Fehler es war, nicht mehr in Beziehung mit jenen Bewusstseinsschichten, die wir weiter in uns tragen, zu bleiben. Denn eine höhere Bewusstseinsschicht hebt alle unteren auf – im doppelten Sinn des Wortes. Sie stellt sie in den Hintergrund – und nimmt sie dennoch mit. Durch die Trennung von Leib und Seele, Gefühl und Verstand wurde eine Verbindung unterbrochen, die unsere Kultur hilflos und damit unkultiviert mit tieferen Emotionen umgehen lässt.

Doch die frühen Stufen des Bewusstseins leben in uns, und wenn wir uns ihrer nicht bewusst werden, lenken sie uns wie Marionetten! So stehen wir seit Jahrzehnten hilflos neben menschlichen Grausamkeiten und ideologischen Rollenkriegen, wie sie in Bosnien, Kosovo und Nordirland geführt wurden.

Der 11. September 2001 hat uns nun eine neue Chance gegeben, uns dieser tiefen Schichten des Bewusstseins anzunehmen.

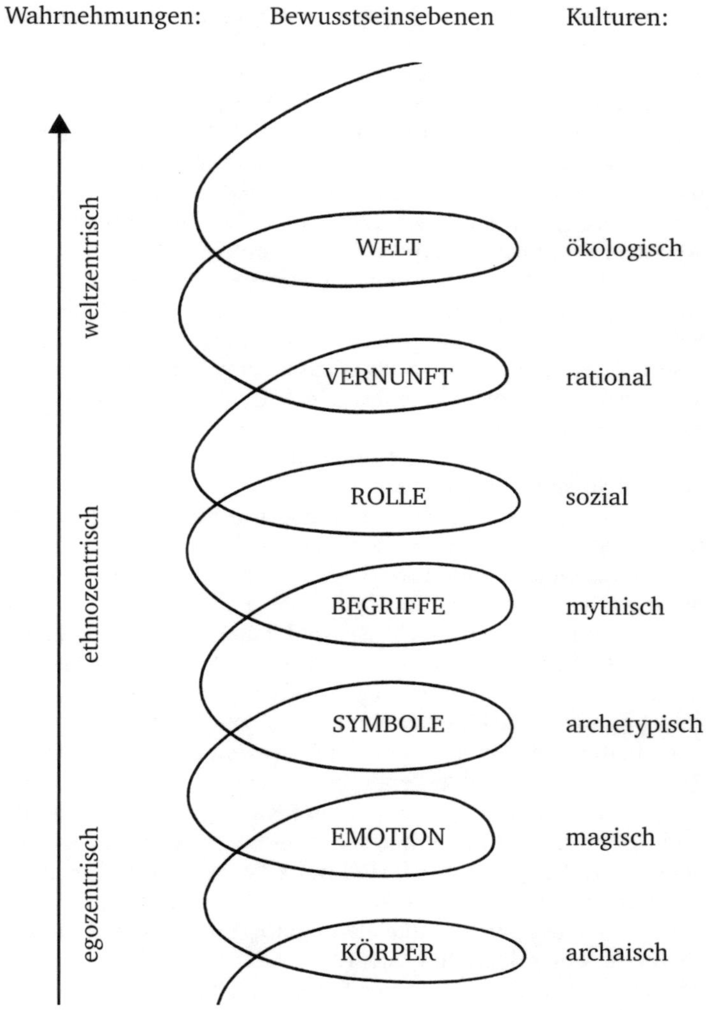
Wahrnehmungen:
Bewusstseinsebenen
Kulturen:
weltzentrisch
ethnozentrisch
egozentrisch
WELT
VERNUNFT
ROLLE
BEGRIFFE
SYMBOLE
EMOTION
KÖRPER
ökologisch
rational
sozial
mythisch
archetypisch
magisch
archaisch

Der Heilungsweg wird lang und schwierig: denn jetzt sind wir zuerst einmal „tief hinuntergetaucht“ in eine kollektive Regression, die unsere Generation wohl noch nie so erlebt hat. Es herrscht wieder das Mittelalter des Bewusstseins, der Kampf der Mythen von Gut und Böse, der Krieg der Bilder, der jede Vernunft überspült. Gerade aber eine waidwund getroffene und wutschäumende Gesellschaft ist dann am gefährlichsten, wenn sie sich ihrer Gefühle nicht bewusst wird – eben deswegen ist das Wort von der „zivilisierten Welt“ so gefährlich.

Hunderte Male haben wir das einstürzende Bild der Twin Towers gesehen – (Georg erzählte mir, dass er, als er im September bei unserem gemeinsamen Freund Panagiotis in Kreta saß, über *CNN* etwa 10mal pro Stunde damit „bombardiert“ wurde) – kein einziges überprüfbar reales Bild sehen wir aus Afghanistan. Es scheint Kriegsführern dienlich, wenn ihre Völker den Opfermythos zelebrieren, um sich nicht der Verantwortlichkeit der Täterschaft stellen zu müssen.

Wir werden also gelenkt und „Big Brother“, der alles kontrollierende Überwachungsstaat, ist überall: wir müssen nicht mehr kontrolliert werden, weil wir alle gemeinsam (des-)informiert werden.

In den Etagen der Macht ist wohl keine Entwicklung zu erwarten, sie kann nur von unten wachsen; indem wir den Medien nicht mehr die Macht geben, unser Leben zu dominieren (und – ganz praktisch – die Einschaltquote reduzieren, wenn Desinformation auf dem „Menüplan“ steht) und wenn wir die frei gewordene Zeit in Beziehungen investieren: Beziehung mit mir selbst, Beziehungen zwischen dir und mir, zwischen Regionen, Religionen und Kulturen. Nur so gelingt heilsame Begegnung, nur so entwickeln wir Verantwortung. Und nur so werden wir – langsam, langsam, wie der Grieche sagt – jene ökologische Bewusstseinsstufe entwickeln, die uns alle als TeilhaberInnen eines Planeten, als Kinder einer Schöpfung sieht.

Ich gehe an einem einsamen Strand im Süden Griechenlands, an der Bruchzone von weichem Sand und weit glitzerndem Meer, während ich dies diktiere. Sanfter Wind umspielt meine bloße Haut.

Georg kommt mir entgegen, seine Gedanken Schritt für Schritt formulierend, in ebensolcher paradiesischer Geborgenheit.

Ich schaue auf, über die ersten Wellen hinaus auf den Horizont dieser wunderbaren Kugel, auf der ich gehen darf. Das sind

die Momente einer Beziehung, die mich mein Leben lang trägt und die Liebe und Achtung heißt. Sie ist es auch, die mich motiviert, nachher ein wenig von dem Müll, der hier zwischen den Büschen liegt, mitzunehmen – keine verrostende Dose auf meinem Weg soll diese kraftvolle Erde schwächen.

Weißt du einen anderen Weg, als den des gelebten und geliebten Alltags, der uns in eine Zukunft führen kann, die nicht im Klimaschock endet – oder besser gesagt: die nicht unsere menschliche Rasse aufgrund ihrer Beziehungsarmut von der Erde wischt und diesem Planeten damit Erholung gönnt?

Jede/r von uns ist aufgerufen, Schwung in die nächste Drehung der Spirale zu bringen – hin zu einem ökologischen Weltbewusstsein.

Georg Wögerbauer

Balance in Beziehungen

Herr F., Firmenchef, ist ein erfolgreicher Mann. Er wird mir von einem Kollegen wegen akuter Burn-out-Symptomatik[1] *und* Suizidgefährdung[2] *überwiesen. Pünktlich – wie vereinbart – betritt Herr F. die Ordination, im Verhalten mir gegenüber äußerst korrekt, höflich und sehr distanziert. „Ich war nie in meinem Leben bei einem Psychotherapeuten, ich hätte auch im Traum nicht daran gedacht, dass ich jemals einen Psychotherapeuten benötige. Aber nach 15 Jahren hat mir meine Frau von heute auf morgen erklärt, dass sie sich von mir trennen will. Mein Beruf und meine Familie, meine Frau und meine drei Töchter waren immer an erster Stelle für mich. Jetzt verliere ich alles, ich kann nicht mehr, ich will nicht mehr!" sagt dieser mächtige Mann und „bricht zusammen". Nach einiger Zeit beruhigt er sich wieder, entschuldigt sich unnötigerweise für seine Tränen, um dann die Ordination zu verlassen. In dieser Stunde war ich nur dazu da, ihn in seiner Traurigkeit aufzufangen, ihn medikamentös zu stützen und ihm zu zeigen, dass er in der Beziehung zu mir auch bestehen kann, wenn er Schwäche zeigt.*

Eine Woche später kommt Herr F. wiederum und bedankt sich bei mir für das Erstgespräch: „Ich konnte bei Ihnen erstmals seit vielen Jahren wieder weinen, ich habe das Gefühl, ich kann bei Ihnen schwach sein." In dieser Stunde bitte ich Herrn F. ein Kräfte-

1 Burn-out-Symptomatik: Begriff aus der Stress-Forschung, bezeichnet einen Zustand von „Ausgebranntsein", was sich in körperlicher und seelsicher Erschöpfung oder Erkrankung manifestiert.
2 Suizidgefährdung: gefährdet, sich selbst das Leben zu nehmen

diagramm zu zeichnen: In der Mitte steht sein Name F., rundherum die drei Lebensbereiche: Ich – Beruf – Familie. *Ich fordere ihn auf, Kraftvektoren zu diesen drei Lebensbereichen hin zu zeichnen – in der Größe, wie sie seinen Energieaufwand für die drei Lebensbereiche in den letzten Jahren symbolisieren. Keine schwere Aufgabe für Herrn F., der sofort den dicksten, alles übermalenden Pfeil in Richtung* Beruf *zeichnet, einen kleinen bescheidenen Strich in Richtung* Familie, *beim* Ich *wird er unsicher, um letztlich mit einem bescheidenen Punkt den kleinsten Kraftvektor zu symbolisieren.*

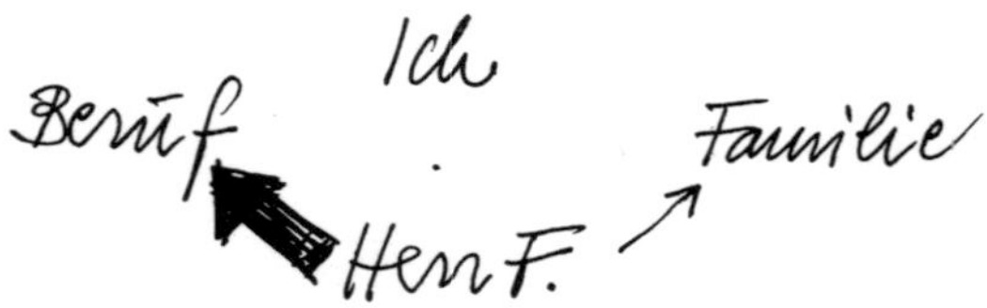

Alleine der zeitliche Aufwand für den beruflichen Bereich deckt bei Herrn F. durchschnittlich 80 Stunden in der Woche. Seine Familie, *sagt er, habe immer „funktioniert", mit dem* Ich *fange er nicht viel an. Auf meine Frage, wie er den Vektor zum* Ich-*Bereich vergrößern könne, wird er – ein brillanter Redner, sehr kontrolliert und intellektuell – vollkommen verlegen, dann traurig, weil er bemerkt, dass es diesen Kraftvektor zum* Ich *in seiner Lebensgestaltung überhaupt nicht gibt. In den folgenden Stunden geht es primär nicht darum, wie Herr F. seine Partnerschaft retten kann – seine Frau ist zur Trennung entschlossen – sondern es geht ausschließlich darum, gemeinsam Schritte zu entwickeln, wie Herr F. für sich sein Leben gestalten kann.*

In der Folge wird die Scheidung vollzogen, Herr F. verlässt das gemeinsame Haus, organisiert sich eine Wohnung und lebt nun mit 50 Jahren das Leben eines Junggesellen. Er beschließt, für zwei Wochen nicht in die Firma zu gehen, stattdessen verreist er mit zwei seiner Töchter für eine Woche in den Süden. Dort kann der immer starke, immer kontrollierte Vater erstmals seine Traurigkeit und Verletzung mit seiner großen Tochter teilen. Er ist zu verletzt, um eine Gesprächsbasis mit seiner Frau zu finden, es ist ihm jedoch bewusst, dass er mindestens genau so viel Anteil an der Tatsache der Trennung hat wie seine Frau. Nach dem Urlaub mit seinen Töchtern bemerke ich in den Gesprächen, dass Herr F. weicher und zugänglicher wird, das korsetthafte, harte Auftreten wird herzlicher.

Zwischen ihm und mir kann eine Beziehung entstehen, er vertraut mir auch an, was er Schönes mit seiner Frau erlebt hat, und wir lachen über seine „Entdeckungen“ als Junggeselle. Langsam lernt Herr F., Gefallen zu finden an dieser neugewonnenen Freiheit, formuliert jedoch immer deutlicher die Sehnsucht nach einer bergenden Beziehung. *„Durch die Krise der Trennung von meiner Frau habe ich eine neue Beziehung zu meinen Töchtern entwickelt“,* sagt er nach einigen Stunden, und der sonst so mächtige Firmenchef bemerkt, dass seine ganze Machtposition, auch sein Vermögen keine wirklichen Hilfestellungen sind, um einen liebevollen Zugang zu einer Frau zu finden – sondern ausschließlich seine *Ich*-Stärke und Persönlichkeit im authentischsten Sinn[1]. Herr F. erinnert sich seiner alten Hobbys, er setzt sein regelmäßiges Lauftraining fort. Er erinnert sich, dass er einmal gut Geige spielen konnte, organisiert sich einen Hauslehrer und ist überrascht, zu erkennen, wieviel Energie er als „Junggeselle“ für die Gestaltung seines privaten Lebensalltags benötigt. Nach bereits drei Monaten können wir die medikamentöse Hilfe absetzen. Herr F. hat für sich persönlich genug Standbeine gefunden, um mit der Krise produktiv umzugehen.

Dennoch lässt ihn diese Krise – weil verbittert – weiterhin gegen seine Frau agieren, und ich wünsche ihm und seiner geschiedenen Frau, dass beide aus der ersten Sprachlosigkeit und Verletztheit heraus zu einem erwachsenen Beziehungslösungsmodell finden: als gemeinsame Eltern ihrer Kinder, dass beide von der Sprachlosigkeit wieder zu einer Kommunikation finden, bei der sie Aggressionen nicht auf Kosten ihrer Kinder ausagieren, und dass beide ihren bereits erwachsenen Töchtern auch ein „erwachsenes Konfliktlösungsmodell“ vorleben und nicht ein „gekränkt pubertäres“.

Die Krise bietet eine große Chance für Herrn F., aus der Überfülle des Habens zur Fülle des Seins zu gelangen, sich zu entdekken in der Beziehungsfähigkeit mit sich selbst und den Menschen, die für ihn von Bedeutung sind. Ich wünsche ihm, dass es ihm gelingt, seine Prioritäten neu zu verteilen, aus der Abhängigkeitsbeziehung zum Beruf zu einer gelingenden lebendigen Partnerschaft hinzufinden, primär mit sich selbst und letztlich mit einer Frau, nach der er sich sehnt.

1 Authentisch (-sten Sinn): (griech.): verbürgt, echt; Person und transportierter Inhalt passen zusammen.

Georg Wögerbauer

Gedicht gelernt

„Heute komme ich ganz pünktlich zum gemeinsamen Nachtmahlessen!“ sage ich noch zu meiner Frau am Telefon und freue mich, dass ich mir für diesen Abend nicht zu viel eingeteilt habe.

Wie sehr oft, kommen dann kurz vor Ordinationsende noch mehrere Patienten, sodass sich mein Nachhausekommen wieder verzögert. Ausgerechnet der letzte Patient kommt mit einer sehr persönlichen Thematik zu mir in die Ordination, die mich auch noch am Nachhauseweg beschäftigt.

Ich fahre schneller als sonst, weil ich weiß, dass meine Familie zu Hause auf mich wartet, bin in Gedanken noch ganz in dem therapeutischen Gespräch, das ich aus Zeitnot diesmal sehr schnell zu Ende gebracht habe.

Zu Hause warten meine Kinder und meine Frau mit einem liebevoll gedeckten Tisch auf mich. Ich habe ein schlechtes Gewissen, weil ich zu spät komme, fühle mich gehetzt und bin obendrein müde nach acht Stunden Ordination. Gemeinsam beginnen wir das Essen – ich bin noch gar nicht in der Lage, das Schöne, den liebevoll gedeckten Tisch, die Geschichten meiner Kinder, das Lachen meiner Frau wahrzunehmen, fühle mich irgendwie ferngesteuert und erschöpft.

Mein kleiner Sohn Stanislaus hat schon den ganzen Nachmittag auf mich gewartet und überfällt mich mit Fragen und Geschichten, die für ihn sehr wichtig sind. *„Ich habe heute ein Gedicht gelernt, soll ich dir's aufsagen?“* fragt er und schaut mich

mit schockierten Augen an, als er ein knappes Nein zu hören bekommt. Meine Frau kickt mir reflexartig mit spitzem Ellbogen zwischen die Rippen und steigt zusätzlich unmissverständlich auf meine Zehen, was mich abrupt munter macht – erst jetzt komme ich hier zu Hause richtig an und bemerke erschrocken, was ich angerichtet habe. *„Bitte, sag's mir auf!"* Sing's mir vor, so oft du willst – ergänze ich innerlich und erschrecke sehr, wie wenig beziehungsfähig ich bin – für die Menschen, die mir am wichtigsten sind.

Das Gedicht, das mein Sohn gelernt hat und mir voll Stolz aufsagt, ist das Schönste, was mir an diesem Tag passieren konnte. Jetzt nehme ich seine Stimme wahr, die stolzen Augen, die kleinen Hände, die mitsprechen, das Zittern der Stimme und ich bin berührt von einer Begegnung im Hier und Jetzt. Zuvor war ich rein physisch präsent, gedanklich noch im therapeutischen Gespräch und nicht wirklich bereit für eine Neubegegnung.

Es ist notwendig und hilfreich, wenn wir für uns *Übergangsrituale* entwickeln, einerseits für unser Nachhausekommen nach einem Arbeitstag, andererseits aber auch für das Eintauchen aus der Privatsphäre wieder in die Arbeitswelt. Diese Übergangsrituale können zum Beispiel ein Kaffeehausbesuch am Weg nach Hause sein oder – idealerweise – der Weg mit dem Fahrrad von zu Hause in die Arbeit und von der Arbeit wieder nach Hause zurück, ein kurzer Spaziergang, fünf Minuten Stille in einer Kirche oder ein Musikgenuss bei der Heimreise in öffentlichen Verkehrsmitteln.

Aus eigener Erfahrung weiß ich, wie schwer es letztlich ist, solche Vorhaben konsequent umzusetzen. Ich spreche in diesem Zusammenhang von *Ritualen als immer wiederkehrende, bewusst gesetzte Handlungen und Handlungsabläufe,* die uns im oft hektischen, turbulenten Arbeitstag wie Haltegriffe zur Verfügung stehen. Je vielschichtiger und anspruchsvoller, vielfach unter Zeitdruck der Arbeitsbereich ist, umso strukturierter und geplanter sollten solch hilfreiche Rituale in unserer Lebensgestaltung Platz finden: ein kurzer gemeinsamer Spaziergang beim Nachhausekommen ,ein „erweitertes Begrüßungsritual" für Kinder: aus eigener Erfahrung kann ich erschöpften Vätern an dieser Stelle empfehlen, nicht nur die Kinder zu begrüßen, sondern sich auf den Boden zu legen und bei aller geistiger Erschöpftheit einfach den eigenen Körper zur Verfügung zu stellen zum „Rangeln, Kämpfen, Schmusen oder Herumkugeln". Speziell jüngere Kinder werden schon nach dem dritten Tag wie selbstverständlich vom heimkommenden Vater erwarten, dass er sich doch wieder auf den Küchenboden legt, um mit ihnen zu toben oder schlichtweg auch für sie wieder begreifbar zu sein.

Gelingende Beziehungsübergänge erfordern, dass ich im Dazwischen immer wieder auch bei mir ankomme, das heißt, für mich persönliche Freiräume ritualisiere, in meine Lebensgestaltung einplane, um so auch wirklich begegnungs- und beziehungsfähig für andere zu sein.

Übergangsrituale sollten uns wieder ermöglichen, zur Ruhe zu kommen, Selbstwahrnehmung einerseits auf der körperlichen, andererseits auch auf der Bedürfnisebene zuzulassen und zu fördern.

Erst wenn ich mich selber begreifen kann, begreifbar bin für mich, bin ich auch begreifbar für andere und in der Lage andere zu begreifen – was erst eine lebendige Beziehung ermöglicht.

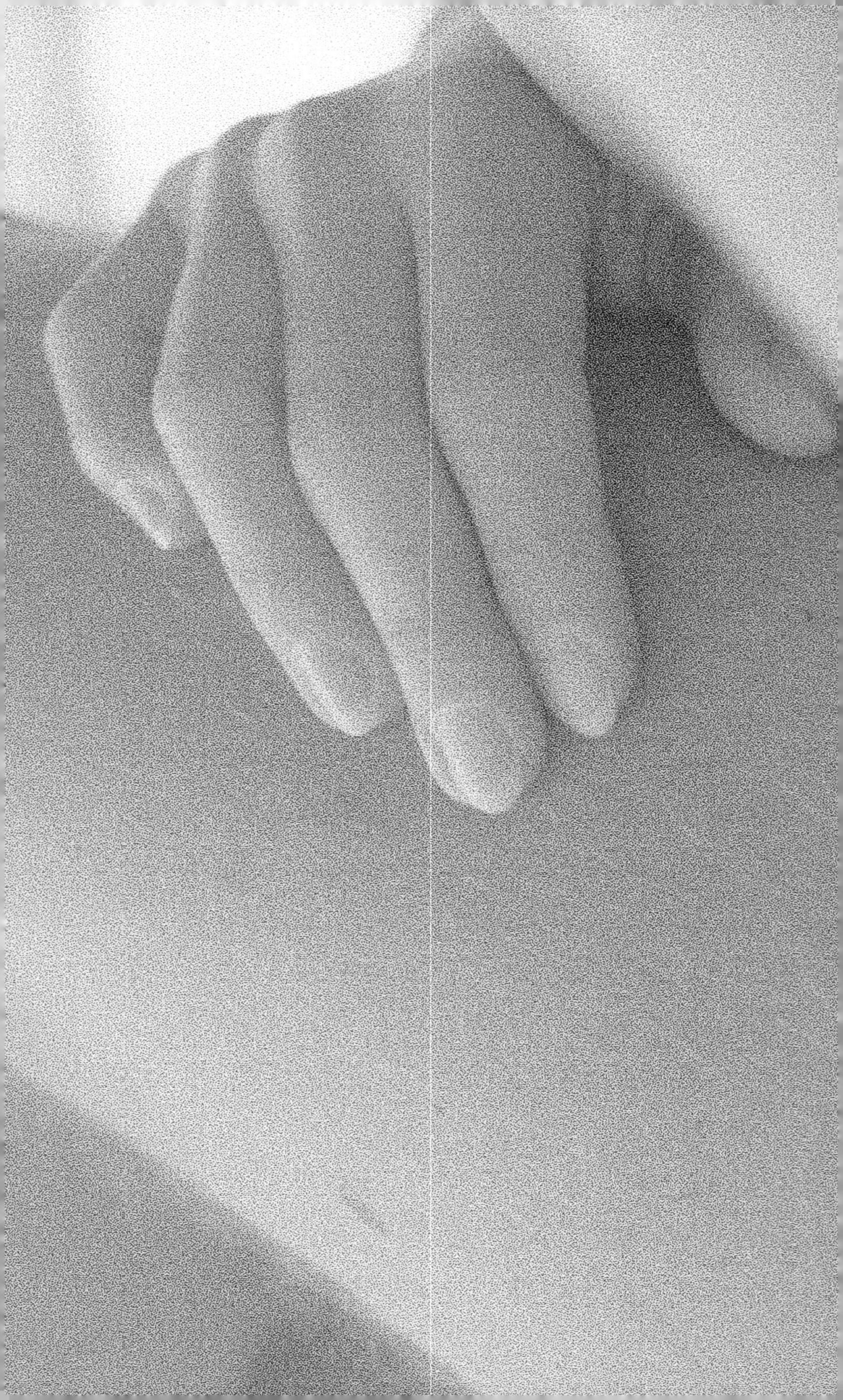

Gerald Koller

Berührung oder Torschlusspanik: Der Umgang mit Grenzen

D*as schönste Symbol für Grenze ist unsere Haut.* Alle Funktionen einer Grenze sind in ihr vereinigt: sie ist das größte Wahrnehmungsorgan, eine sensible Zone, Schutz des Innen – und offen für Impulse und Nahrung von außen.

In unserer Diskussion, in unserem Umgang mit Grenzen werden meist manche dieser Funktionen vergessen. So reden die einen von grenzenlosen Möglichkeiten der Globalisierung oder der Völkerwanderung, die anderen fürchten sich davor und bauen massive Grenzen zu anderen Völkern und Regionen auf.

Grenze hat aber immer alle diese Funktionen: sie ist zuerst einmal „sensibles Wahrnehmungsfeld", zwischen Menschen genauso wie zwischen Völkern. Sie ist Ort des Austausches genauso wie Ort der Abgrenzung. Kein Extrem wird ihrer vollen Funktion und Bedeutung gerecht.

Wir leben in einer Gesellschaft der Grenzenlosigkeit – dies ist ebenso lebensfeindlich wie der Aufbau massiver Schutzwälle statt der Entwicklung von Kommunikation. Denn Kommunikation ist das Zauberwort, wenn es um Grenzen geht. Schließlich steckt in ihm schon die Bandbreite des Umgangs mit Grenzen: „Kommunio" meint Verschmelzung, also Aufhebung der Grenzen, wie sie am intensivsten in der sexuellen Begegnung erlebt wird.

Das „ka" in der Mitte von „Kommunikation" wiederum deutet aber auch auf das Gegenteil hin: wenn wir humorvoll österreichische Dialekte bemühen wollen („ka" steht dort für „keine"), kön-

nen wir sagen, dass Kommunikation eine Hilfe ist, keine Verschmelzung zu wollen – sondern Grenzen zu ziehen.

Grenzen sind nicht dazu da, um a priori überschritten zu werden. Grenzen sind dazu da, um zuerst einmal geachtet zu werden. Wenn uns jemand ungefragt zu nahe tritt und unsere Grenzen verletzt, dann erleben wir das als Gewalt.

Die vier Möglichkeiten mit Grenzen umzugehen, stellen sich wie folgt dar:

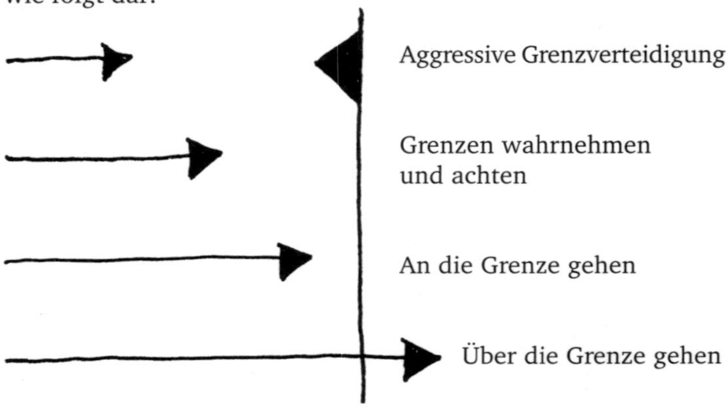

Du siehst: von der massiven Abwehr, die viel Entwicklungsraum ungenützt lässt, bis zur (vereinbarten und gewollten oder ungewollten und gewalttätigen) Grenzüberschreitung ist vieles möglich.

Kommunikation ist jenes Entwicklungsfeld, in dem wir den achtsamen Umgang mit Grenzen kultivieren können.

Martin Buber[P1] sagt doch: *„Das Zwischen muss täglich neu aufgebaut werden"*.

Dazu fällt mir eine Szene ein, als wir mit unserem Schiff am Hafen landeten.

Ich liebe diese umtriebigen Hafenszenen: ein Mosaik der kleinen Begebenheiten. Ich stehe deshalb immer hinten am Heck, wenn das Schiff langsam an den Pier heranfährt. Mit einem Mal fiel mir auf, wie symbolisch dieser Akt ist – handelt es sich doch um die Grenze zwischen Wasser und Festland, die im Akt des Anlegens bewältigt werden muss. Und wie achtsam die Schiffsbesatzung mit dieser Grenze umgeht!

Zuerst wird das übliche Tempo gedrosselt, dann wendet sich

das Schiff mit der dafür vorgesehenen Seite der Grenze zu. Nach dieser Zuwendung ertönt ein lauter Ton aus dem Schiffshorn: „Ich bin da!“ Jetzt ist die Aufmerksamkeit aller auf die Grenze gerichtet. Langsam fährt das Schiff auf sie zu. Leichte Leinen werden von Bord auf den Kai geworfen: erste Beziehungen. Männer greifen sie auf, ziehen sie an Land – und damit die dicken Taue, an denen die Beziehung zwischen Schiff und Land festgemacht wird. Und wie sie ziehen! Schließlich wird das Tor heruntergelassen und der Austausch kann beginnen.

Was für eine behutsame, natürliche Begegnung!

So, und nur so kann Beziehung wachsen – gerade über Grenzen hinweg …

Wie schwer ist es doch,
Grenzen zu setzen,
ein Nein zu sagen,
das nicht zu früh und
nicht zu spät kommt:
eben nicht verletzt.

Beziehung hat immer
auch mit Druck zu tun:
Georg schreibt – ich
setze mich zu ihm.
Gleich meint er, für mich
da sein zu müssen.
Ich verneine.
Einfach sein genügt.

Selbst beginne ich zu
schreiben. Er endet.
Legt mir die Hand
auf die Schulter.
Ich ziehe Grenze,
bleibe bei mir.
Sogleich wächst schlechtes
Gewissen.
„Hab ich Dich verletzt?“
Er verneint.
Wie gut:
Unser Sein genügt.

Georg Wögerbauer

Konfliktfreie Beziehungen sind kranke Beziehungen

„Wir streiten nie“ stimmt mich nachdenklicher als „Wir streiten, dass die Fetzen fliegen“. Konflikte sind nichts Krankhaftes, sondern – wenn sie entsprechend ausgelebt, gestaltet werden – hilfreich für Beziehungen.

Als Arzt lerne ich – speziell bei den Visiten – die unterschiedlichsten Lebensräume von Menschen kennen. Da gibt es Häuser, wo Sauberkeit und Ordnung scheinbar über allem stehen. Beim Betreten des Hauses wirkt alles steril aufgeräumt, eben ordentlich.

Und dann gibt es Häuser, weniger aufgeräumt, offene Türen, lautstarke Musik, belebte, manchmal auch chaotische Atmosphäre. – Da wird gelacht, dort gestritten – in solchen Szenarien fühle ich mich aufgenommener, weil die Atmosphäre eine echte, lebendige ist. *„Wenn's kracht, dann ordentlich“* und *„Nach dem Gewitter ist die Luft wieder rein“* (hoffentlich für alle Beteiligten), sagen Menschen, die solcherart ihre Lebensräume gestalten und authentisch ihre Beziehungen leben.

Lebensräume, wie sie gestaltet sind, wie sie belebt werden, spiegeln auch die Lebenskultur von Menschen, auch deren Beweglichkeit.

An mir selbst bemerke ich, wie ich immer mehr von der Ordnung rede, je mehr ich mich unwohl oder unter Druck fühle. Die Ordnung, die ich mir herbeisehne ist jedoch eine sterile Ordnung, eine leblose – in Wirklichkeit steckt meine Sehnsucht nach Ruhe dahinter. Je mehr ich mir dann Freiräume – auch Ruhepausen – gönne, umso eher klingt meine „Ordnungsneurose“ wieder ab.

Das erlebe ich nicht nur zu Hause, sondern auch am Arbeitsplatz. Sind Freiräume geschaffen, beginne ich nicht „Ordnung" zu machen, sondern kann aus einer gewonnenen Ruhe heraus wieder neu gestalten.

„Ordentliche Beziehungen" sind für mich leblose Beziehungen. *„Seit ich zu ihnen in Therapie gehe"*, sagt mir ein Mann *„streite ich immer mehr mit meiner Frau."* – Gut, denke ich mir, endlich bewegt sich wieder etwas in dieser Partnerschaft – die Starre löst sich auf, jetzt geht es nur noch darum zu einer Streitkultur zu finden, wo nicht unnötige Verletzungen passieren.

Ordnung um der Ordnung willen hat für mich etwas Krankhaftes, Strukturen hingegen sind hilfreiche „Krücken", die mir aus chaotischen oder auch aus Alltagssituationen immer wieder heraushelfen können, um ein gewisses Ziel für mich zu erreichen. Krücken haben den Vorteil, dass man sie weglegen kann, sobald man sie nicht mehr benötigt.

Wir brauchen Krankheiten, um gesund zu bleiben! Das ist kein Widerspruch. Aus der Immunforschung wissen wir, dass ein gesundes Immunsystem sich nur dann entwickeln kann, wenn der menschliche Körper auch immer wieder Krankheitserregern ausgesetzt ist. Das heißt unser Körper benötigt Konflikte – sozusagen ein Konflikttraining (Immunsystem kämpft mit Erregern), um im entscheidenden Moment auch gezielt abwehren zu können.

Wenn Kinder unter supersauberen, fast sterilen Beziehungen aufwachsen und bei jedem Infekt voreilig mit Antibiotika

behandelt werden, kann sich kein funktionierendes Immunsystem entwickeln – das ist auch eine Antwort darauf, dass in den reichen, „hygienisch sauberen Ländern" Allergien viel häufiger sind als in den vergleichsweise ärmeren Ländern des Ostens oder den Entwicklungsländern.

Analog dazu verhält es sich mit dem Aufwachsen in „konfliktfreien Elternhäusern". Besser, ich habe meine Eltern heftig streitend oder heftig liebend „erwischt" – das schadet meiner Entwicklung sicher nicht – als ich habe sie in ewig trauter, monotoner Gleichgültigkeit in einem rein funktionalen Miteinander erlebt.

Konfliktfähigkeit, wie wir Erwachsene sie den Kindern und Jugendlichen vorleben, wird uns von diesen ganz gezielt zurückgespiegelt.

Wie unser Immunsystem – sozusagen auf der körperlichen Ebene – ein Konflikttraining benötigt, so bedarf es auch auf der Beziehungsebene einer Art Konflikttraining. – Familie, Kindergarten, Schule, Arbeitsplatz, öffentlicher und gesellschaftlicher Bereich – Konflikte begleiten uns Menschen überall.

Uns auf sie einzulassen, sie leben zu können, ist notwendig für lebendige Beziehungen.

Georg Wögerbauer

Druck am Arbeitsplatz – Druck in Beziehungen

Mit meiner Ordinationshilfe habe ich vereinbart, dass ich mich pro Ordinationsgespräch in sehr dringenden Fällen maximal einmal durch einen Telefonanruf unterbrechen lasse. Mitten in einem therapeutischen Gespräch, das bereits einmal durch ein Telefonat unterbrochen wurde, läutet das Telefon ein zweites Mal und meine hörbar verzweifelte Mitarbeiterin beteuert, an der Leitung einen Patienten zu haben, der ihr durch wiederholtes Anrufen ständig Druck mache, jetzt schon sehr ungehalten sei und dringend mit mir sprechen wolle. Weil eben schon unterbrochen, übernehme ich den Anruf.

Ich kann den Mann nur schwer verstehen, weil er aus fahrendem Auto mit dem Handy telefoniert. Nach einigem Hin und Her begreife ich, dass er sich zu einer Vorsorgeuntersuchung anmelden will und frage ihn verwundert, warum er das nicht schon längst bei meiner Ordinationshilfe gemacht hat. „Weil Sie erst in sechs Wochen einen Termin haben und ich unbedingt einen früheren Termin brauche!" Ich spüre, wie ich ungehalten werde, mich unter Druck fühle, durch diesen Anruf im aktuellen therapeutischen Gespräch sehr gestört bin. Und anstatt dem Anrufer zu bedeuten, er möge später anrufen, gebe ich seinem Druck nach und blättere in meinem Terminkalender hektisch nach einem früheren Termin. Da ich jetzt unter Zeitdruck bin, wähle ich den Termin nicht sorgfältig aus und schreibe ausgerechnet an einem Freitagnachmittag um 16 Uhr die vereinbarte Untersuchung ein – wissend, dass ich um 17 Uhr den für mich und meine Kinder wichtigen Termin in der Musikschule nicht ver-

säumen will. Weil ich unter Druck bin und der mir vis-à-vis sitzenden Patientin nicht noch mehr Zeit stehlen will, denke ich, dass sich dies einrichten lassen werde, während der Anrufer beteuert, er müsse nun stehenbleiben, um in seinem Terminkalender den Terminvorschlag von mir zu überprüfen. Ich merke, wie ich ob der Frechheit, mich so am Telefon zappeln zu lassen, immer ärgerlicher werde. Zumindest jetzt gebe ich dem Druck nicht mehr nach und verbinde kurz angebunden wieder hinaus zu meiner Ordinationshilfe. Dieser Anruf hat mich „fünf Minuten Zeit gekostet", ich habe einen schlechten Termin vergeben, habe im therapeutischen Gespräch den Inhalt verloren, fühle mich ärgerlich, angespannt, gestresst, jetzt auch unter Druck – und was in jedem Fall bleibt, ist eine ärgerliche Assoziation zum Namen des Anrufers. In der nachfolgenden Pause (die sich meine Ordinationshilfe und auch ich leider viel zu wenig gönnen) erzählt sie mir, wie sie sich über den Anrufer geärgert hat, und ich bemerke an der Aufgeregtheit ihrer Stimme, dass der Anrufer in ihr ähnliches ausgelöst hat wie bei mir.

Zwei Wochen später, an besagtem Freitag um 16 Uhr, läutet das Telefon – wieder „Autohandyrauschen". Herr X. ist zu spät von der Firma weggefahren, er habe die Entfernung unterschätzt und lässt mir ausrichten, dass er sich um 30 Minuten verspäte. Wieder ärgere ich mich sehr, diesmal vor allem über mich, dass ich diesen unmöglichen Termin vergeben habe. Nach 30-minütiger Verspätung kommt ein hektischer Mann mit hochrotem Kopf, laut telefonierend mit knallenden Absätzen in meine Ordination, um letztlich mit zappelnden Füßen und leichtem Stirnschweiß vor mir zum Sitzen zu kommen. Mittlerweile ist es 16.35 Uhr und trotz der Beteuerungen meines Patienten, dass er über 1 1/2 Stunden Fahrzeit hatte, konfrontiere ich ihn damit, dass ich nur bis 17 Uhr für ihn zur Verfügung stehe.

Von Anfang an liegt eine gespannte Atmosphäre zwischen uns, ich fühle mich diesem Menschen gegenüber unter Druck, sehr angespannt und sehr bemüht, die verbleibende Zeit möglichst effizient zu arbeiten. Herr X. spricht sehr gut, sehr schnell, konfrontiert mich mit einer Fülle von Beschwerdebildern, gibt mir unmissverständlich auch die Erwartung zu spüren, möglichst gleich zu einer Behandlung zu kommen. Fünf Minuten vor Ende der Stunde zieht er einen Zettel mit einem Fragenkatalog aus der Tasche. Er ist nicht in der Lage, wirklich auf meine Impulse einzugehen. Ich spüre, wie ich immer unruhiger werde, selber zu zappeln beginne, immer öfter auf die Uhr schaue, meine Atmung kürzer wird, meine Stimme gepresster und wie ich mich immer mehr aus dem Kontakt mit Herrn X. zurückziehe. Um 17 Uhr unterbreche ich Herrn X., – erst bei der Hälfte seiner Fragenliste angelangt – und erkläre ihm, dass er für ein neues Gespräch und eine Untersuchung einen ausreichend langen Termin bei meiner Ordinationsassistentin vereinbaren müsse und gebe ihm noch als Impuls mit, dass er in diesem 25 Minuten langen – überfallsartigen – Auftritt in meiner Ordination bei mir exakt dieselben Symptome ausgelöst hat, derentwegen er zu mir gekommen ist.

Herr X. verlässt verwirrt, einigermaßen ungehalten, ohne Medikamente und Rezepte meine Ordination.

Ich verlasse ebenfalls um *17.05* Uhr hektisch, gereizt und unzufrieden meine Ordination. Wichtige Besprechungen mit meiner Ordinationshilfe muss ich auf Montag Früh verschieben, vom Auto aus rufe ich – mit rauschendem Handy – die Klavierlehrerin meiner Kinder an und entschuldige mich für meine Verspätung von ca. 20 Minuten. Auf dem Weg zur Musikstunde mahnen mich meine Kinder, doch langsamer zu fahren. Ich bin verärgert, dass alle meine guten Vorsätze, ein schönes Übergangsritual von der Arbeit zum Privatleben für mich zu gestalten, diesmal wieder nicht umgesetzt werden konnten. Gehetzt und erschöpft komme ich mit meinen zwei Kindern, die ich noch nicht wirklich realisiert habe, in die Musikstunde.

Am darauffolgenden Montag ruft bereits um 8 Uhr Herr X. an, konfrontiert meine Ordinationshilfe mit seinem Unmut, dass ich ihm wichtige Informationen nicht genannt habe und besteht darauf, möglichst bald einen Termin zu bekommen. Zum nächsten Termin kommt Herr X. pünktlich, hat zu meiner Verwunderung jedoch wieder nur 30 Minuten Gespräch vereinbart und es stellt sich sehr bald heraus, dass angesichts seiner Beschwerdebilder eine halbe Stunde für das therapeutische Gespräch viel zu kurz ist.

Herr X. leidet unter Bluthochdruck, Schlafstörungen, betont, wie er seine Frau liebe und sie ihm im Beruf konsequent zur Seite stehe, beteuert jedoch, dass bedingt durch seine Gehetztheit zunehmend Konflikte in der Partnerschaft auftauchen, er für schönen Sex zu müde sei, weniger Lust als sonst habe, infolge der Schlafstörungen sei er chronisch übermüdet, überreizt, auch gegenüber seinen Mitarbeitern, im Speziellen jedoch gegenüber seiner Frau.

Wieder spiegle ich Herrn X., welchen Druck er sich in der Wahl des therapeutischen Settings einerseits selber mache und welchen Druck er auch auf mich ausübt. Er beteuert, im Anschluss an das

Gespräch noch einen wichtigen Termin in der Nähe vereinbart und deswegen nicht länger als 30 Minuten Zeit zur Verfügung zu haben.

Auch diesmal verlässt er ohne ein einziges Medikament die Ordination – doch mit meinem klaren Hinweis, wenn er nicht bald beginne, mit sich selbst wertschätzender umzugehen, seine Beschwerdebilder endlich ernst zu nehmen, dann sei nicht nur er krankheitsgefährdet, sondern bestehe die große Gefahr, dass er seinen enormen Druck auch auf Mitarbeiter, vor allem aber auch auf seine Partnerin überträgt.

Herr X. hat gelernt: für das nächste Meeting reserviert er 90 Minuten. Telefonisch kündigt er an, dass ihn seine Frau begleiten werde, und sie gerne beim Gespräch mit mir dabei sei.

Aus dem Erstgespräch wusste ich, dass Herr X. sehr sportlich ist, er ist gertenschlank, hat perfekte Laborwerte, läuft 4 x pro Woche nach dem Rezept von Kollegen Strunz[P16], er erzählte mir beim Erstgespräch stolz, dass er schon bei zwei Marathonbewerben mitgelaufen sei. Herr X. ist sehr erfolgreicher Unternehmer mit einem Musterbetrieb, hoher Personalverantwortung, positiven Bilanzen, erwachsenen Kindern, die sich zu seiner Zufriedenheit ganz in Richtung seines Unternehmens orientieren – und von außen betrachtet müsste man annehmen, er habe viele Neider und man könnte ihm ohne weiteres ein erfolgreiches Lebenskonzept attestieren.

Dennoch steht Herr X. unter einem enormen Leidensdruck und war nicht wenig überrascht, als ich ihn mit seiner großen Krankheitsgefährdung konfrontierte. Um ihm den Druck auch von der körperlichen Anstrengung bei chronischem Schlafdefizit zu nehmen, empfehle ich Herrn X., vorerst das regelmäßige Laufen völlig sein zu lassen und statt dessen ausgedehnte Spaziergänge alleine zu genießen – ohne Handy! Ich vereinbare mit Herrn X., dass er erst dann wieder mit regelmäßigem Ausdauertraining beginnen könne, wenn er kontinuierlich 7 Stunden durchgehend schlafe. Zum Zeitpunkt des Erstgesprächs gab Herr X. eine Schlafzeit von 4 bis 5 Stunden an. Für chronisch übermüdete, gestresste Menschen ist Laufen kontraindiziert, das heißt, nicht gesundheitsförderlich, sondern krankmachend.

Im Gespräch zu dritt bestätigt mir seine Frau ein ähnliches Beziehungsgeschehen, wie ich es mit ihm erlebt hatte, sie fühle sich von ihrem Mann ständig gehetzt, unter Druck, er sei in den Gesprächen sprunghaft, sehr fordernd, manchmal habe sie das Gefühl, er nehme ihr die Luft.

In den folgenden Einzelsitzungen mit Herrn X. bemerke ich, wie ich immer wieder darauf achten muss, mich nicht seinen Druckmechanismen zu unterwerfen. Immer wieder mache ich ihn darauf aufmerksam, wie er subtil Druck ausübt – und es wird deutlich, dass in seiner Entwicklungsgeschichte das Thema Leistung – Leistungsdruck, die Grundhaltung von „gut ist nicht gut genug" – prägend war.

Ich empfehle Herrn X. eine längerfristige psychotherapeutische Einzelbegleitung und rate ihm zu einem Coaching für sein Unternehmen, um zu einer druckentlastenderen Organisation und zu effizienterem Delegieren zu gelangen.

Druck erzeugt immer Gegendruck – wie diese Fallgeschichte zeigt – und zwangsläufig baut sich dann der Druck auf beiden Seiten auf, so wie in der Partnerschaft von Herrn X., aber auch innerhalb seines Unternehmens.

Herr X. ist ein Mann, der immer lächelt und freundlich auf Menschen zugeht. Dahinter verbirgt sich eine sehr subtile Erwartungshaltung an die anderen, zu funktionieren, was er durch seine Person und sein Auftreten noch nachdrücklich verstärkt. Als lächelnder, mächtiger Chef mit 60 Stunden Arbeitszeit pro Woche gibt er den Druck unbewusst an seine MitarbeiterInnen weiter, er missbraucht somit seine Führungsfunktion, wobei ich Herrn X. attestiere, dass er das Beste für seine Mitarbeiter will und für sie alles bereit ist zu tun. Unbewusst erreicht er damit eine hohe Loyalität von Seiten der Mitarbeiter und kann den

Druck und die hohe Erwartungshaltung, die er an sich selbst hat, auch an alle seine Mitarbeiter weitergeben.

So führt er „erfolgreich“ ein Unternehmen, in dem viele unter hohem Arbeitsdruck stehen und Entlastungen oder Freiräume keinen Platz haben.

Wieder ist es wichtig für den Heilungsweg von Herrn X., dass er primär für sich persönlich Entlastungsmechanismen und Ventile finden und aktivieren kann. Ich habe Herrn X. eine Ganzkörpermassage-Behandlung empfohlen, wo er durch 1 1/2 Stunden Liegen sehr zur Ruhe und zu einer vertieften Körperwahrnehmung kommt. Schrittweise lernt er, aus seiner sehr flachen Atmung im oberen Brustkorbbereich zu einer tiefen Bauchatmung zu gelangen. Über das tiefe Bauchatmen werden für ihn Gefühle wahrnehmbar und frei. Aus der Druck- und Leistungsorientierung kann Herr X. wieder verstärkt in Richtung Bedürfnisorientierung und Körperwahrnehmung Impulse erhalten.

Herr X. ist kein Einzelfall in unserer Gesellschaft. Ich habe viel mit druckgesteuerten Menschen zu tun – und wenn ich nicht achtgebe, gerate ich haargenau in den gleichen Mechanismus. Der Druck richtet sich primär gegen den eigenen Körper, gegen sich selbst, dann auf die nahen Beziehungen, dann auf Geschäftsbeziehungen, Organisationen, Systeme und schließlich auf die ganze Gesellschaft.

Das Beispiel von Herrn X. lässt sich auch auf die „perfekte“ Hausfrau übertragen, die mit folgendem Beschwerdebild zu mir in die Ordination kommt: Kopfschmerzen, Müdigkeit, Leistungsabfall, Libidoverlust und hohe Gereiztheit.

Frau S. ist 48 Jahre alt, hat schon große Kinder. Sie hat einen hohen Perfektionsanspruch, ihr Haus ist immer topgeputzt, der Garten perfekt gepflegt, alle Marmeladen eingekocht, die Wäsche sorgfältigst gebügelt, das Essen täglich frisch gekocht, bei Frau S. steht nie Geschirr herum. „So hab' ich's gelernt, ich will's auch so. Wenn meine Kinder oder mein Mann nach Hause kommen, kann ich mich gar nicht wirklich freuen, denn sie stören die Ordnung, die ich mühsam hergestellt habe!“ Frau S. macht sich selber Druck, niemand erwartet von ihr diesen Putzperfektionismus. Um mit ihrem Mann laufen zu gehen, fühlt sie sich zu erschöpft und zu müde. Sie betreibt also keinen Sport und betont, ohnehin den ganzen Tag herumzulaufen. In ihrem Haus zwingen sich alle zu einer unmenschlichen Sauberkeit, wer kommt, stört dieselbe – und so wundert es auch nicht, dass Frau S. mir nicht wirklich Freundinnen oder Freunde nennen kann. Viel zu sehr war und ist sie mit dem Einhalten ihrer Sauberkeitsregeln beschäftigt. Von mir angesprochen, warum sie sich solchen Druck mache, antwortet Frau S., dass es bei der Nachbarin auch „immer so schön" sei und sie einfach den Anspruch habe, mindestens genauso perfekt zu wirtschaften.

Aus Gesprächen weiß ich, dass die Nachbarin wohl aus der gleichen Überlegung einen ähnlichen Perfektionismus entwickelt, und wieder zeigt sich, wie sich die beiden gegenseitig Druck machen.

Sowohl bei Herrn X. als auch bei Frau S. ist die Ursache für den Druck, den sich beide aufbauen, in einer Beziehungsstörung – in der konkreten Angst vor Nähe zu sehen. Beziehungen werden vermieden oder funktionalisiert, das Herzliche, Lebendige, Spontane, Improvisierte – alle diese wertvollen Bereiche des Lebens bleiben auf der Strecke.

Beide werden einen Weg aus diesem Drucksystem, das sie selbst verursachen, finden, wenn sie für sich selbst Entlastungen definieren können, wenn Begegnung mit sich selbst möglich wird, wenn sie lernen, ihre *Ich*-Identität nicht ausschließlich durch Leistung und Funktion, sondern vor allem durch sinnerfülltes Sein zu definieren.

Für mich persönlich sind meine drei Kinder der beste Spiegel, um aufzuzeigen, wenn ich mir selbst zu viel Druck mache. – Weil sie um meine Gereiztheit wissen, wenn ich unter Druck stehe, ziehen sie sich blitzschnell zurück und ich spüre schmerzhaft, wie mein Beziehungsfaden zu ihnen „dünner" wird – oder manchmal auch abreißt. Schnell tauchen dann Gefühle von Einsamkeit, Ausgestoßensein oder auch Eifersucht auf und ich bemerke, wieviel Energien es bedarf, um wieder in Kontakt zu kommen – erst mit mir, dann mit den mir so wichtigen Menschen.

Menschen, die dauerhaft unter Druck stehen, laufen Gefahr zu vereinsamen, der Preis, den sie für ihren „Druck" zahlen, ist ein hoher – lässt sie oft aus tragenden Beziehungen herausfallen, und leider bemerken das viele erst dann, wenn sie ihr Beziehungsnetz nicht mehr trägt.

An dieser Stelle will und kann ich keine Rezepte geben, versuche nur aufzuzeigen, wie ich aus solchen Druckszenarien wieder einen Ausweg suche.

◆ *Schlaf:* Um aus dieser Druckspirale auszusteigen und wieder klare Entscheidungen treffen zu können, ist ausreichend Schlaf (8 – 9 Stunden) notwendig.

◆ *Bewegung:* Niederfrequentes Ausdauertraining, um mich selbst, meinen Körper wieder zu spüren – um durch körperliche Bewegung wieder das Spielerische zu erlangen, das mich in eine angenehme Distanz zu meinem „Druckszenario" bringt.

◆ *Mentale Techniken:* die mir helfen, meine Wichtigkeit in Frage zu stellen. Sätze wie „Nimm' dich nicht so wichtig!" – „Es geht auch einmal ohne dich!" – oder „Wenn ich nicht da bin, können's auch noch andere tun!" – klingen ziemlich simpel, sind aber in druckreichen Situationen sehr hilfreich.

◆ *Hilfen holen:* entweder direkt in der Familie – Partnerschaft – oder – oft noch leichter – bei guten Freunden. – Von außen betrachtet ergeben sich in einem scheinbar aussichtslosen „Drucksystem" gleich mehrere Lösungsansätze, die der, der unter Druck steht, gar nicht wahrnehmen kann.
Ein Coach, Supervisor, Berater – sie alle haben die Möglichkeit – aus der „Helikopter-Perspektive" – verschiedene Auswege aufzuzeigen, mich sogar auf einem dieser Wege zu begleiten. Die Voraussetzung dafür ist, dass ich mir Hilfen holen kann und mir auch erlaube, mich führen zu lassen.

◆ Den Tag mit *5 Minuten Stille* beginnen. Ob diese Stille „ausgefüllt" ist mit Meditation, Gebet, oder einfach – ist auch am schwierigsten – mit Stille, das sind verschiedene Wege: Wichtig scheint mir das Innehalten, die Bescheidenheit, einen Tag mit der Gewissheit und dem Vertrauen zu beginnen, dass dieser Tag geschenkt ist und ich an diesem Tag nicht alles alleine gestalten und steuern muss.

◆ *Mir Behandlungen „holen“* in Form von wohltuenden, entspannenden Berührungen, die den Zugang zu meinem Körper wieder vertiefen.

◆ *Kritisches Hinterfragen der Prioritäten meiner Lebensgestaltung.* Ich sehe eine große Gefahr darin, beruflich – oder auch privat (z.B. Hausbau oder Hobby) mich einseitig in ein bestimmtes Thema so zu vertiefen, dass mir der Blick fürs Ganze dabei verlorengeht. – Sosehr dieses Vertiefen auch eine große Fähigkeit bedeutet, können darunter Beziehungen extrem leiden – oft auch zerbrechen.

◆ *„Klausurtage“* nenne ich bestimmte Auszeiten, während der ich mich mit einem guten Freund zurückziehe – damit wir uns gegenseitig zu unserer momentanen Lebenssituation coachen, befragen, bestärken oder auch offen kritisieren können. Ich habe gute Erfahrung damit, diese „Klausurtage“ im Freien – mit viel Bewegung – z.B. Bergtour – zu verbinden, gemäß dem Motto, dass Bewegung auch Begegnung ermöglicht.

Sicher kennst du auch das angenehme Gefühl, das bestimmte Menschen auslösen, wenn du ihnen begegnest. Du hast nicht das Gefühl funktionieren oder dich messen zu müssen, fühlst dich – ganz im Gegenteil – wahrgenommen und in deinem So-Sein angenommen – akzeptiert, du spürst Gelassenheit und fühlst dich in der Gegenwart solcher Menschen wohler und freier als sonst.

Was nicht zählt ist dein Name, dein Titel, deine Funktion, sondern dein *Dasein, hier und jetzt im Ich und Du.*

Ich wünsche dir und mir viele solcher Begegnungen mit Menschen, die durch ihr *Dasein schenken, weil sie dich und mich sein lassen.*

E M R

Georg Wögerbauer

Vor Entscheidungen den Abschied üben

Halbe Abschiede sind Energie- und „Beziehungskiller". Ich habe oft mit Menschen zu tun, die unglücklich in ihren Beziehungen, in ihren Partnerschaften sind, von einer Beziehungskrise in die nächste fallen, oft durch eine Vielzahl von Verletzungen in Beziehungen so verunsichert sind, dass sie beschließen, für sich alleine zu leben – aber auch damit nicht wirklich glücklich werden. Im Gespräch mit diesen Menschen tauchen immer wieder alte Verletzungen aus Beziehungen auf, die schon Jahre zurückliegen und häufig hinderlich für das offene Eingehen und Gestalten von neuen Beziehungen sind.

Ich denke da an Sonja, eine 30-jährige, attraktive, sportliche Frau, die primär wegen Magenbeschwerden zu mir in die Ordination gekommen ist.

Auf meine Frage nach ihren Zufriedenheiten mit sich selbst wird sie traurig und antwortet zögerlich: „Wenn's mir gut geht, bin ich schön, aber mir geht's nicht gut. Was mir gelingt, stimmt mich nie wirklich ganz zufrieden." Es schwingt immer ihre Aufforderung und Erwartung mit, es könnte noch besser sein.

„Beruflich bin ich zufrieden und erfolgreich, aber der Beruf nimmt so viel Platz ein, dass ich nicht wirklich Zeit für Beziehungen habe. Meine letzte feste Beziehung endete vor mehr als vier Jahren. Aus dieser Beziehung bin ich sehr verletzt und sprachlos herausgegangen, seither laufen immer wieder ähnliche Beziehungsmuster ab. Ich habe mittlerweile viel Angst, mich einem Mann anzuvertrauen, fühle mich zu verletzt und gleichzeitig habe ich eine

sehr große Sehnsucht nach einer stabilen gelingenden Partnerschaft, nach gelebter Sexualität, vielleicht sogar auch nach einer Familie. Wenn ich diese Sehnsucht wirklich aufkommen lasse, werde ich sehr traurig: nur durch viel Arbeit kann ich über längere Zeit diese Traurigkeit und diese Sehnsucht gut verdecken."

An körperlichen Beschwerden formuliert Sonja chronische Magenschmerzen und schmerzhafte Regelblutungen. Sie beschreibt mir einen gesunden Lebensstil, sie ernährt sich bewusst, mittlerweile magenschonend, betreibt regelmäßig Ausdauersport, schläft durchschnittlich 8 Stunden, klagt aber, dass sie keine wirklichen persönlichen Freiräume für sich hat; nach der Arbeit – ca. 55 Stunden pro Woche – sei sie zu erschöpft, um noch strukturiert und bewusst ihre Freizeit zu gestalten. Das Wochenende verbringe sie oft bei ihrer Ursprungsfamilie, bedingt durch viel Arbeit werde der Freundeskreis auch immer kleiner.

Schon zum Erstgespräch bringt mir Sonja eine Fülle von Laborparametern, Röntgenbilder und CT-Befunden[1] *mit, allesamt negativ, d.h. bei allen Untersuchungen wurde kein wirkliches* organisches Substrat[2] *für ihre Beschwerden gefunden. Dennoch leidet Sonja sehr unter ihren Beschwerden, sie hat viel Geld für verschiedene Diät-Kuren und alternativmedizinische Behandlungen ausgegeben.*

1 CT-Befund: bestimmtes, sehr genaues und kostenintensives Röntgenverfahren
2 Organisches Substrat: es befindet sich zum Beschwerdebild eine ganz konkrete organische körperliche Ursache, die auch nachweisbar ist.

Auf meine Frage, wo sie sich körperlich gut spüre, weiß sie keine Antwort, sondern beschreibt mir wieder die Zonen ihres Körpers, die ihr Schmerzen bereiten. Ihre Körperwahrnehmung ist fast zur Gänze auf Schmerzwahrnehmung reduziert. Beim Gespräch über ihre letzte „gelungene Beziehung" weint sie und es wird bald deutlich, dass sie sich von der, wenn auch schon vier Jahre zurückliegenden Beziehung noch nicht wirklich verabschiedet hat.

Angesichts der von vielen Fachärzten bei dieser jungen Frau durchgeführten Diagnostik und Überfülle von Befunden verzichte ich auf jede weitere Befunderhebung und vereinbare mit Sonja zehn Stunden psychotherapeutische Arbeit zum Thema „Abschied".

In den weiteren Stunden erzählt Sonja immer mehr aus dieser zurückliegenden Partnerschaft. Obwohl ihr ehemaliger Freund längst nicht mehr erreichbar ist für sie, erreicht sie ihn doch in inneren Dialogen, die sie unter therapeutischer Anleitung führt, erkennt ihre eigenen Anteile und Verletzungen, kann darüber traurig aber auch wütend sein, erkennt, was sie in diesen Mann hineingeliebt oder aus ihm herausgeliebt hat und umgekehrt, was sie von diesem Mann an Liebe aber auch an Verletzungen erfahren hat. Infolge dieser Arbeit merkt sie, wie sie aus lauter Sehnsucht nach einer Beziehung eigentlich die Beziehung zu sich selbst vernachlässigt hat.

Durch Sensitive Gestaltmassage[1], *die sie von einer Therapeutin bekommt, lernt sie, ihren Körper wieder anzunehmen, auch Angenehmes wahrzunehmen. Sie gestaltet in weiterer Folge ihr Leben so um, dass sich mehr persönliche Freiräume ergeben und in dem Maß, wie ihre Ich-Akzeptanz und Ich-Stärke in der laufenden Therapie zunehmen, erlebt sie sich auch wieder beziehungsfähiger, unternehmungslustiger, lebendiger. So, wie Zufriedenheiten in Sonjas Leben zunehmen, wird der Symptomdruck des Magens immer schwächer, bis die Beschwerden letztlich kaum mehr ein Thema sind. Nach einem halben Jahr* Fokaltherapie[2] *ist es Sonja endgültig gelungen, sich von der alten Beziehung zu verabschieden und sich somit für neue Begegnungen frei zu machen, auch für eine neue intime Beziehung.*

Es ist gut, vor Entscheidungen den Abschied zu üben!

1 Sensitive Gestaltmassage: Ganzkörperbehandlung, bei der verschiedene Körperzonen miteinander verbunden werden, die eine tiefe entspannende, beruhigende Wirkung hat und den Fluß der „Lebensenergie" fördert.
2 Fokaltherapie: eine bestimmte Methode der Psychotherapie (ein bestimmtes Thema wird schwerpunktmäßig in Form einer definierten Kurzzeittherapie bearbeitet.)

Abschiede sind schmerzhaft, aber auch klärend. Es gibt auch den Begriff der Abschiedsarbeit in der Psychotherapie, wobei Abschied immer wieder auch ein sich Freimachen für Neues, für neue Begegnungen bedeutet.

Sonja hat verletzt und sprachlos ihre sehr vertraute Beziehung nie wirklich beendet und hat diese Verletzung und Sprachlosigkeit in neue Beziehungen eingebracht. Als eine attraktive und von Männern umworbene Frau hat sie nie zu Zufriedenheiten mit ihren Partnern gefunden. Erst über die Arbeit und Beschäftigung mit sich selbst über das Erlangen der Ich-Akzeptanz, das Wiederentwickeln eines Selbstwertgefühls hat Sonja eine neue Beziehungsfähigkeit erlernt.

Es gibt viele „beziehungswunde" Menschen, und diese Wundheit verursacht neue Wundheiten bei anderen, Wundheiten, die Angst machen, einengen und in der Folge häufig auf der Körperebene zahlreiche Somatisierungen[1] verursachen.

Beziehungen, die heilen – heilsame Beziehungen – benötigen Zeit, Wertschätzung, Menschen, die sich selbst mögen, die mit sich und Begegnungen sorgfältig umgehen.

1 Somatisierung: Verschiebung von seelischen Problemen und Beschwerdebildern auf die Körperebene.

Ge leistet : Haben
Er reich t : Haben
Ge habt : Haben

beschenkt
geborgen
zu Frieden
sein

Gerald Koller

Fair streiten: Beziehung leben heißt Konflikte gestalten

Wenn es um Konflikte geht, dann wird sofort der Ruf nach Lösungen laut. Konfliktlösungsseminare boomen! Doch wie einer meiner Lehrmeister, PAUL WATZLAWICK, sagt, *sind es oftmals die Lösungen, die erst zu Problemen führen.* Unsere hektische Suche nach Lösungen zeigt uns, dass wir es kaum gelernt haben, Konflikte als Prozessschritte einer Beziehung auszuhalten, ja mehr noch: zu gestalten; im anderen nicht den Feind oder Gegner, sondern den Konfliktpartner zu sehen, und Konflikte nicht als Verhinderer des Glücks, sondern als dessen Türwächter.

Im Konflikt findet Suche nach Wahrheit und Beziehung statt. „Wer hat Recht?“ das ist ein Reibevorgang, der nach Antworten fragt und aus der Beziehungslosigkeit, dem Nebeneinander der Meinungen, Bedürfnisse und Werte herausführt. Somit müsste der Konflikt hoch angesehen sein. Warum er es nicht ist und wir eher gelernt haben, ihn zu verdrängen als ihn zu gestalten, hat persönliche und gesellschaftliche Gründe.

Zum *einen haben wir die ersten Konflikte in unserem Leben meist als Verlierer erlebt.* Die übermächtige Mutter, der wir uns in unserer Ich-Werdung mit einem „Nein“ entgegengestellt haben, hat sich wohl ebenso durchgesetzt wie die größeren Kinder auf der Straße, am Spielplatz oder im Kindergarten. Früh haben wir also gelernt: Konfliktvermeidung bedeutet auch Vermeidung von Schmerz und Niederlagen.

Der zweite Grund liegt in der *spezifischen Beschaffenheit unserer Gesellschaft.* So werden in naturnahen Stammeskulturen

Konflikte nicht an den Rand gedrängt, sondern in die Mitte geholt, ritualisiert und damit entkräftet. Der Umgang mit Konflikten in Hochkulturen ist jedoch immer von der Angst vor Verlust von materiellem und geistigem Besitz geleitet. Schließlich ist der Konflikt ein Familienmitglied der Familie Chaos (dazu mehr im Kapitel „Chaos und Ordnung", Seite 143).

Konflikte sind hochemotionale Spannungszustände, in ihnen sind wir weit von unserer Alltagsvernunft entfernt – wir sehen rot.

Konfliktlösungsmodelle, die auf dem Einsatz von Vernunft basieren, greifen daher auch viel zu kurz (oder zu wenig tief, wenn man das Entwicklungsmodell von Ken Wilber zu Rate zieht (siehe auch Seite 47 „Beziehungen: Spiegel unseres Bewusstseins"). In Stresssituationen reagieren wir gemäß unserer archetypischen Verhaltensmuster.

Ich habe das an mir selbst sehr eindrücklich erleben können, als ich mich auf den Weg von meinem Wohnort Steyr zum Flughafen Wien gemacht habe, um mit Georg unser gemeinsames Abenteuer zu beginnen.

Da meine ganze Familie an diesem Tag Richtung Wien unterwegs war, fuhren wir gemeinsam mit dem Auto zum Bahnhof Steyr. Ich übernahm es, den Wagen am Parkdeck abzustellen. Die Einfahrtsampel zeigte grün. So fuhr ich ein und umkreiste alle Etagen des Parkdecks, konnte jedoch keinen freien Parkplatz finden. Nun wurde die Zeit schon knapp – unten am Bahnsteig stand meine Familie mit allem Gepäck – ich fuhr indessen alleine, immer hektischer werdend, zwischen den Parkplätzen herum. Schließlich lief ich zum Bahnsteig hinunter (das Auto blieb mit laufendem Motor oben stehen) und rief den Meinen zu: „Fahrt schon einmal los, ich fahre mit dem Auto dem Zug nach und schaue, wo ich ihn, nachdem ich einen verdammten Parkplatz gefunden hab, erreichen kann!" Mit den Worten „Scheiß Organisation hier!" rannte ich aus der Bahnhofshalle wieder zum Auto. Ich fuhr wie ein Berserker durch die Stadt Steyr bis zur nächsten Haltestelle, fand dort – gerade als der Zug einfuhr – einen Parkplatz und sprang in den letzten Waggon. Fluchend wie ein Bierkutscher und zeternd wie ein Rohrspatz (welche bunte Beschreibungen wir für Konfliktverhalten haben!) kam ich bei meiner Familie an und konnte mich einige Minuten lang nicht beruhigen. Agnes, meine Frau, nahm mich Gott sei Dank so an, wie mir gerade zumute war, und versuchte nicht, mich zu disziplinieren – die anderen Fahrgäste im Wagen schauten schließlich schon neugierig bis betroffen zu mir herüber.

Wieder im Alltag „gelandet“, wurde mir klar, dass die Stress-Situation meine aggressive Grundstruktur, die ich sonst so gut kultivieren kann, voll ans Tageslicht befördert hat.

Wie Menschen auf verschiedene Weise in außergewöhnlichen Situationen (re-)agieren, konnte ich auch in einem Hafen beobachten, als wir dort mit der „Milos-Express“ Station machten: hektisch schreiende Schiffsleute, gestikulierende Autofahrer, zitternde Frauen, die dem vermeintlich abfahrenden Schiff entgegenliefen – und ein depressiver junger Mann, der die Abfahrt wirklich verpasst hatte und nunmehr den aufschäumenden Wasserstrudeln aus der Schiffsschraube nachschaute ...

Wenn wir in Konflikte geraten, reagieren wir steinzeitlich. Es ist „high-noon“ und jede/r reagiert mit jener Waffe, die er/sie am besten und schnellsten zu zücken gelernt hat. Eine erste Orientierungshilfe im „Dschungel“ der Gefühle kann also eine Landkarte der verschiedenen Konflikttypen sein, wie ich sie dir jetzt hier vorstellen möchte.

Eigentlich gibt es ja nur *zwei ursprüngliche Konfliktvarianten: Angriff oder Flucht. Verteidigung oder Standhalten* – das sind *bereits kultivierte Modelle,* die einiges an Training (über Jahrtausende) bedurften. Wir sind – ob's uns gefällt oder nicht – in unserem Körperbau und Nervenkostüm für das Überleben in der Steinzeit ausgerüstet. Konflikte waren dort in der Regel lebensbedrohlicher Natur. „Der Grizzly oder ich“ war die Devise und dementsprechend alarmiert reagierte unser Körper auf Konfliktsituationen.

Das tut er jedoch auch noch heute!

Wenn wir im *zivilisiertesten* Setting – beispielsweise einer Arbeitsbesprechung mit KollegInnen – in einen Konflikt geraten, reagieren wir körperlich, ohne dass uns dies bewusst ist.

Unsere Achillessehne[1] wird durch den Ausstoß von Adrenalin automatisch angespannt. Sie war es, die uns in der Steinzeit den schnellen Angriff oder die ebenso schnelle Flucht ermöglichte. Ohne ihre Funktion ist der Mensch zu Angriff und Flucht nicht fähig. Die alten Griechen wussten genau, warum das Ende des Archetyps des Konflikts, Achill[1], mit der Verletzung seiner Sehne begann. Und in der Akupressur kennt man die Methode der Entspannung der gesamten Psyche und des Körpers über die Massage der Achillessehne. Wie Ken Wilber in seiner Entwicklungsspirale aufzeigt (siehe auch „Beziehungen: Spiegel unseres Bewusstseins“), reagieren wir also unmittelbar körperlich, auch in der angeblich vernünftigsten Situation.

Die folgenden *Konflikttypen* sind also letztlich Abwandlungen von Angriff oder Flucht:

Der tote Hund

Wenn zwei Hunde in einen Territorialkampf geraten, so wird der Schwächere sich im Eingeständnis seiner Niederlage auf

1 Achill/Achillessehne: griechischer Held im Trojanischen Krieg; nach ihm ist die Sehne zwischen Wade und Ferse benannt

seinen Rücken legen und dem Überlegenen den Hals zum Biss anbieten. Das genügt in der Regel, um den überlegenen Hund auch ohne Tötung des Feindes zum Sieger zu erklären – der Verlierer wird sich aus dem Territorium trollen.

Menschen dieses Schlags sind jene, die im Konflikt ganz still, ja beinahe unsichtbar werden. Von ihnen werden keine Vorschläge, ja schon gar keine Bedürfnisse zu hören sein. Duldend schweigen sie sich aus – und wir fragen uns: wo bleiben ihre Ängste, ihre Wut? In der Regel im Magen – deswegen lässt sich dieser Typ auch als Modell „Magengeschwür" bezeichnen. Depressionen sind gegen sich selbst gerichtete Aggression.

Die Faust

Die Faust versteht – ganz im Gegenteil zum vorhin beschriebenen Fluchttyp – Angriff als beste Verteidigung. Sie wird sich im Konfliktfall durch das gewaltsame Überschreiten von Grenzen Raum schaffen wollen. Gewalt kann dabei aber nicht nur von körperlicher Natur sein, sondern auch psychisch (Erpressung) oder pädagogisch („Du solltest ...", „Wenn du so bist, dann ...", „Sag mir sofort ...").

Der Giftpfeil

Menschen, die ihre Aggressionen nicht in voller Gewichtung zeigen wollen oder können, greifen gern zum Mittel des Zynismus: scheibchenweise wird damit Aggression abgeladen. Der/die „SchützIn" kann sich gut hinter diesem Zynismus verstecken und wahre Gefühlsregungen vermeiden. Ein Mischtyp also: erst Angriff – dann Flucht. Auch vieles aus unserer Witzkultur ist der Versuch, Betroffenheit auf humorvolle Weise zu bewältigen.

Von hinten

Der wohl gebräuchlichste Konfliktstil besteht darin, Koalitionen mit Partnern zu schließen, die sich jeweils gegen Abwesende richten. So kann in tausenden Männerstammtischen und Frauenrunden beobachtet werden, wie alle Köpfe zusammenrükken, wenn eine/r aus ihrer Gruppe den Raum verlässt. Jetzt wird über die Person „hergezogen" (gesprochen) – interessanterweise nur solange, bis diese Person wieder den Raum betritt. Dieses Fluchtverhalten führt dazu, dass Konflikte nicht gestaltet und als Entwicklungsmöglichkeit genutzt, sondern (mitunter über Jahrzehnte) „einzementiert" werden. Schließlich hole ich mir mit jedem Konflikt Bestätigung, dass ich mit meiner Meinung über den Abwesenden recht habe – bis ich selber den Raum verlasse. Dann wird nämlich über mich geredet.

Die Nebelwand

Menschen, die in Bedrängnis geraten, können – insbesondere, wenn sie nicht auf den Mund gefallen sind – mit Worten und Verhalten eine Nebelwand aufbauen, hinter der sie nicht mehr greifbar sind. Sie flüchten im Konflikt höchst eloquent und entziehen sich einer Stellungnahme (wie es PolitikerInnen ja trainieren).

Das Opfer

Das Opfer ist eine der mächtigsten Angriffsstrategien. Das mag dich nun verwundern, hat das Opfer in der Regel doch von sich selbst die Meinung, arm und schwach zu sein. Doch die punktgenaue Inszenierung der Opferrolle lässt den Konfliktpartnern nur noch die Rolle der Täter – und damit der Bösen – deren vielleicht berechtigte Anliegen und Grenzziehungen so als gefühllose und unberechtigte Aggressionen uminterpretiert werden. Eine höchst effiziente Angriffstrategie also, ähnlich dem Stop im Tennis.

Aber gibt es nicht auch den würdevollen, offenen Konflikttyp, jenen, der standhält, der verteidigt ohne zurückzuschlagen, der klar seine Bedürfnisse äußert, ohne hinterhältig zu sein?

Natürlich, doch – wie in jedem Kampfsport – erst nach jahrelangem Training und intensiver Kultivierung. Zuerst gilt es, sich mit den uns innewohnenden Archetypen, die wir im Konflikt erkennen können, auseinanderzusetzen.

Vielleicht hast du deine Grundstruktur anhand der hier vorgestellten Modelle erkannt und kannst damit einen Schritt tun, dich im Konflikt weiterzuentwickeln. Die nächste „Landkarte“ ist jene der *Konfliktbeziehung,* die oft in einem Systemkreislauf verläuft. Nun ist es ja so, dass wir nicht alleine mit unserem Konfliktverhalten auf einer Insel leben, sondern auf andere Menschen und ihre Konfliktstrategien stoßen. Und da gibt es Beziehungen, die dazu angetan sind, sich zu „Teufelskreisen“ zu entwickeln – der Konflikt zwischen einem „toten Hund“ und einer „Faust“ zum Beispiel.

Die Faust als aggressiver Mensch möchte Bewegung in Beziehungen bringen – auch außerhalb von Konfliktsituationen – im Alltag des Zusammenseins (aggredere heißt ja auch vorangehen). Der Impuls *„Beweg dich doch, tu was!"* wird beim Partner/bei der Partnerin mit *„Toter Hund-Symptomatik"* genau zum Gegenteil führen: Angstvolle Erstarrung tritt ein. Das aber bringt die Faust in Rage, ihre Aufforderung wird lauter und dringender werden – die folgende Erstarrung des toten Hundes nun massiver: die Eskalationsspirale kann beginnen …

Ein anderes Szenario zwischen den beiden: der tote Hund sucht Schutz. Er möchte gerne Sicherheit und sucht sie vornehmlich, in dem er sich am Partner anlehnt. Zuviel der Nähe führt für die Raum-suchende und -schaffende Faust jedoch zum Gefühl, eingeengt zu werden. Ihr Impuls *„Geh weg, mach dich selbständig!"* wird beim toten Hund zu großer Verunsicherung führen. Die Folge ist: ein noch heftigeres Anklammern. Die Faust bekommt das Gefühl, von einer Klette behangen zu sein und wird kräftig strampeln. Was den toten Hund …

Beziehungskreisläufe dieser Art können über Jahrzehnte gehen – und falls sie unterbrochen werden, dann oft nur dazu, damit ein neuer Kreislauf beginnen kann: der der Schuldzuweisung. *„Du bist schuld, dass wir einander nicht verstehen, du bist ja immer so aggressiv"* wird der tote Hund sagen. *„Stimmt überhaupt nicht, deine Antriebslosigkeit bringt mich ja so in Rage"* wird die Faust antworten.

Wir ahnen schon: es liegt nicht an einem der beiden. Es liegt am *Zwischen* – an dem, was zwischen ihnen läuft, am Spiel der Gewohnheit, das sich eingeschlichen hat. Und wieder fällt uns Martin Buber ein: *„Das Zwischen muss täglich neu aufgebaut werden"*.

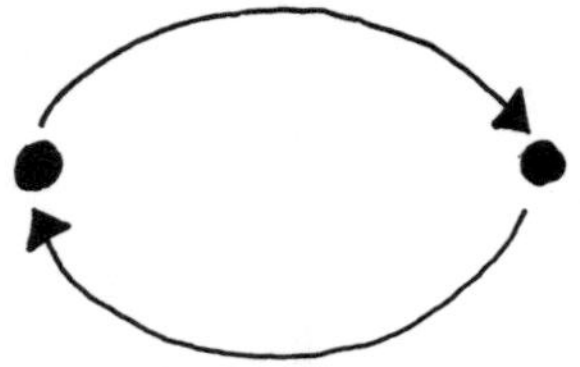

Beziehung als Kreislauf der Abhängigkeit

Doch wie aus solchen Kreisläufen aussteigen und *das Zwischen* täglich neu aufbauen? Überleg' einmal, wann und wie dir das in einer Beziehung gelungen ist – du wirst bemerken: wenn du auf die Veränderung beim Partner wartest, wird sie nie eintreten. Veränderung passiert nur, wenn du dich veränderst. So haben

Frauen aus Abhängigkeitsbeziehung (am massivsten wohl Angehörige von alkoholkranken Menschen), in jenem Moment einen Entwicklungsprozess begonnen, in dem sie nicht mehr alles *nur* für ihren Partner tun. Ab jenem Zeitpunkt also, da sie – meist unter großen Qualen und in dem Gefühl *viel zu egoistisch* zu sein – ihren eigenen Weg gehen, verändern sie auch ihre Position im Kreislauf. Und wie in einem Wetterhäuschen verändert sich dadurch die Beziehung und auch der Partner hat die Möglichkeit dazu – wenn er will.

Die beharrenden Kräfte in uns sind es, die sich gegen Veränderung wehren. So wird die Entscheidung von Frauen, nach der Kinderpause eine neue Ausbildung zu beginnen, von vielen Männern alles andere als goutiert: denn sie müssen sich auf Veränderung einlassen …

Die beharrenden Kräfte sind es auch, die Frauen immer wieder fragen lassen: „Hab ich auch die Garantie, dass sich mein Partner verändert, wenn ich mich verändere?“

Und wieder in das Loch der Abhängigkeit gefallen!

Wir sind nicht für die Entwicklung des Partners zuständig, sondern für unsere eigene – damit aber auch mitverantwortlich für das Zwischen, die Beziehung. Die Verantwortung für die Entwicklung des Partners hat aber nur einer: er selbst. Beziehungen sind eben so etwas ganz anderes als Abhängigkeiten …

Nun beschreibt dies alles erst eine Beziehung zwischen zwei Menschen. Was passiert, wenn nur ein dritter dazukommt? Aus einem Beziehungskreislauf werden schlagartig – 3? – nein: 6!

Schauen wir uns das bildhaft an:

Eine Beziehung

Die Beziehungen zwischen 3 Menschen

In einer 5-köpfigen Familie haben wir es mit 25 sogenannten Primär-, insgesamt mit 42 Beziehungen zu tun.

Wer diese noch regeln möchte … – und beinahe unüberschaubar wird dann das vieltausendfache Beziehungsgeflecht, wenn es um Arbeitsteams oder Schulklassen geht.

Natürlich sind uns derlei Dichten nicht bewusst – ihre Tragweite und Komplexität bekommen wir aber sofort zu spüren, wenn es an einen Konflikt geht.

In solchen „dschungelhaften“ Situationen hilft nur ein Kompass – die nächsten 4 Grundregeln versuchen daher, solche Orientierungshilfe zu bieten:

1. Konflikte sind ein wichtiger Entwicklungsschritt in Beziehungen

Die Pubertät gehört zum Erwachsen-Werden – an ihr kommt niemand vorbei. Die Fähigkeit, Konflikte zu gestalten, gehört zur Entwicklung von Beziehungen und Frieden. Jedes Unterdrücken von Konflikten fördert also nicht die Harmonie, sondern nur das geistige Partisanentum. Niemand ist gefährlicher als jene(r), der/die sich innewohnender Aggressionen nicht bewusst ist. Nach einer Zeit erster (meist illusionärer) Harmonie muss es in jeder Beziehung zu Konflikten kommen, damit mehr Ernsthaftigkeit und Tiefe im Sinne einer erwachsenen, reifen Beziehung entwickelt werden kann:

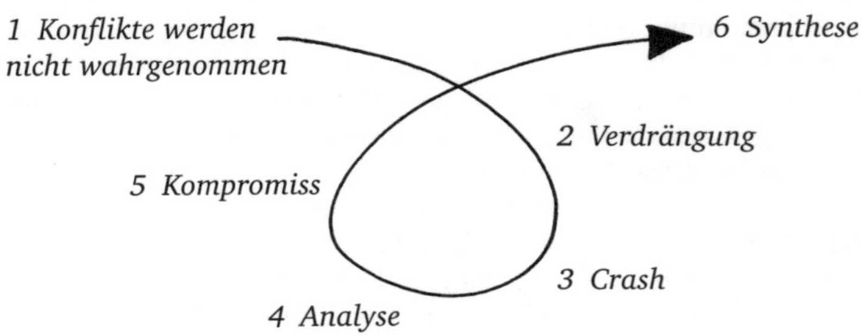

Wie das Bild zeigt, ist es nicht möglich, sich an Konflikten in Beziehungen vorbeizumogeln. Beziehungen sind Wesen, wie es Individuen auch sind: wie ein Kind nur über eine stürmische Pubertät erwachsen wird, so wird es auch eine Beziehung. Der Anfang von Beziehungen ist meist von Projektionen und Hoffnungen (z.B.: auf den Märchenprinzen) geprägt: damit nehmen wir aber nicht den/die andere/n wahr, sondern nur eine Projektion unserer Wunschbilder. Das erste, das wir an anderen wahrnehmen, ist, dass sie anders sind als wir selbst. In diese Befremdung tritt der Konflikt als Berührungsfläche. Und erst wenn wir gelernt haben, ehrlich unsere Gefühle zu äußern und sie über die Analyse in einen größeren Zusammenhang zu stellen, sind wir zu den ersten, noch niederen, Konfliktlösungen fähig: der Kompromiss ist ein solcher.

Stell dir vor, du gehst durch die Welt und sagst „A": das ist deine Wahrnehmung, deine Aussage. Du bemerkst noch gar nicht, dass der/die andere eigentlich „B" sagt. Erst im Konflikt beginnt das Ringen darum, was denn nun wahr sei: A oder B? Nur auf der Grundlage dieser Auseinandersetzung (die wir in der Regel ohnehin lange verdrängt und hinausgezögert haben) wird das Erkennen von Zusammenhängen und damit ein Kompromiss möglich. Und dennoch: letztlich glauben wir noch immer an unsere Grundwahrheiten „A" oder „B" (deswegen sind unsere Kompromisse oft von ihren Zwillingsbrüdern, den *faulen Kompromissen* begleitet: der Kompromiss bedeutet doch ein Zurücktreten von der eigenen Haltung in eine Minimalvariante. Sagt der eine nun „A", der andere „B", so gilt das oft nur für die Zeit der Vereinbarung; danach glauben beide wieder vollinhaltlich an ihre Realitäten – ein *fauler* Kompromiss).

Wenn jedoch unsere *Kompromisse als Vereinbarungen* halten, dann ist das einer der stabilisierendsten Faktoren in Beziehungen: jetzt kann Vertrauen wachsen. Und damit wachsen auch die Qualitäten unserer Konfliktlösungen. Letztlich können sie ein Niveau erreichen, das in völlig neue Dimensionen der Beziehung führt: eine dritte Lösung „C" kann gefunden werden, die für beide KonfliktpartnerInnen stimmig ist.

Oder, als Gipfel von Beziehungskultur, die *Integration der Gegensätze:* diese wird dann Realität, wenn wir die Verschiedenheit nicht mehr als Bedrohung, sondern als Bereicherung erleben. Aus „A oder B" wird „A + B" und damit „AB" – eine neue, integrative Sicht der Wirklichkeit ist erreicht (und somit geht's wirklich ab).

2. Selbstwahrnehmung ist der Ausgangspunkt für würdevoll gestaltete Konflikte

Vor allem aber ist – und das kann nicht oft genug betont werden – Selbstwahrnehmung, das Erkennen meiner eigenen Anteile am Konflikt die Grundlage für das, was ich in diesem Kapitel vermitteln will: Veränderung und Entwicklung kann nur *in mir* geschehen und nicht von den anderen erwartet werden. Für die Praxis bedeutet das, von *mir* zu sprechen statt von dir. Nicht: *„Du machst Blödsinn!"*, sondern: *„Ich bin wütend, verletzt, traurig, hilflos"* leitet Gespräche und Entwicklungen zum Besseren für alle Beteiligten ein.

An eben dieser Haltung mangelt es wohl besonders dort, wo sich dieser Mangel am bedrohlichsten auswirken kann: im Konflikt zwischen Staaten, Regionen und Religionen …

Wer von sich selbst sprechen kann, braucht als Voraussetzung die Fähigkeit, sich selbst wahrzunehmen.

Zuhören – die grundlegende Qualität des Gesprächs – setzt das Hineinhorchen in sich selbst voraus. SIGMUND FREUD[P5] spricht von den inneren Konfliktfeldern des Über-Ich, des Ich und des Es. Wenn zwei in uns streiten (und mit wem liegen wir am meisten im Streit, wenn nicht mit uns selbst!), dann sind es das stets um Zielerreichung und Perfektion bemühte Über-Ich und das triebhafte Es. Die Schläge bekommt aber das Ich, das in der Mitte steht. Kein Wunder, dass der – zwischen Anspruch und Wirklichkeit – zerrissene Mensch an Ich-Stärke und Selbstwertgefühl verliert. Dabei kann es doch nur das Ich sein, dass das Über-Ich mit seinen hohen Zielen und das Es mit seinen Trieben und (meist von der Gesellschaft definierten) Schwächen in den Arm nimmt und den gemeinsamen Weg bestimmt.

Wieder wird deutlich, wie wichtig es ist, unsere Schwächen anzunehmen, um Beziehung in und mit uns selbst aufzubauen.

Und nur wer dies Schritt für Schritt lernt, kann auch die Schwächen am Du als Entwicklungsmöglichkeiten akzeptieren.

Wie wollen wir andere annehmen, wenn wir Teile unserer Selbst nicht annehmen können? Die psychische Waffe der Projektion dient uns ja leider oft hervorragend dazu, das, was wir an uns selbst nicht lieben können, an anderen zu hassen. Der innere Kampf zwischen Über-Ich und Es wird in Beziehungen, dann im Kampf zwischen Täter und Opfer, Eltern-Ich und Kinder-Ich weitergeführt. Die Kultivierung von Konfliktverhalten hin zum würdevollen Standhalten in Beziehungen (ohne Gewalt anzuwenden), gelingt nur, wenn wir *uns selbst* wahrnehmen und akzeptieren – und uns nicht Gewalt antun.

3. Echt und ehrlich sein

Was bisher gesagt wurde, klingt schon wieder reichlich vernünftig und „verkopft“. Wir alle wissen: in Konfliktsituationen geht es um alles andere als um Vernunft.

Ein authentischer Zugang zu unseren Emotionen ist gefragt!

Und die Graphik zur Entwicklung von Beziehungen (dieses Kapitel unter Punkt 1, Seite 95) hat dazu auch Aussagen getroffen: wie lange wir Konflikte auch verdrängen wollen – irgendwann gilt es, zu ihnen zu stehen: je früher, desto weniger verheerend, je bewusster, desto kultivierter.

Auf diesem Planeten gibt es zwei Vulkantypen. Bekannte Vertreter für beide Typen finden sich in Süditalien: der Stromboli[1] als aktivster Vulkan der Welt speit etwa alle 15 bis 20 Minuten den Überdruck an Magma auf einer gebahnten Lavastraße hinunter ins Meer, wo sie – für alle einschätzbar – im Wasser verzischt.

Der Ätna[2] als Prototyp des „Stöpselvulkans“ aber sammelt allen Druck über Jahre, bis *ein* Tropfen das „Fass zum Überlaufen“

1 Stromboli: Vulkaninsel nördlich von Sizilien
2 Ätna: Vulkan, höchster Berg Siziliens

bringt. Die Auswirkungen eines solchen Ausbruchs sind verheerend.

Welcher Vulkantyp sind wohl wir?

Äußern wir unsere Gekränktheiten und Irritationen bei denen, die sie angehen? Oder schleppen wir sie mit nach Hause, wo sie unsere Familie zu spüren bekommt? Sagen wir – durchaus nach einer Zeit der Überlegung – was uns in einer Situation am/an der anderen stört – oder werden Verletzungen nach zwei Jahren in einem gesammelten Wortschwall über die Betreffenden geschüttet?

Das Konfliktverhalten des Stromboli ist einsehbarer und gesünder – wobei auch er *nicht wegen jeder kleinen Kleinigkeit* explodiert …

4. Druck vermindern

Wenn durch ein Rohr zu viel Wasser fließen soll und der Druck zu hoch wird, kommt es zu einem Stau; es gibt keinen Durchfluss mehr – so, als würde gar kein Wasser zugeführt werden.

Wer mit einem *Konflikt alles lösen will, um gleich vom Gegeneinander zum Miteinander vorzupreschen, ohne als Zwischenstand ein friedvolles Nebeneinander zu akzeptieren; wer bereits vor jener Zeit, die es für Betroffenheit braucht, nach Lösungen giert, macht Druck.* Verweigerung und Lähmung ist zumeist die Folge.

Wenn ich in einem Streit spüre, dass nichts mehr geht, ist es am Besten, Pause zu machen.

Auch jetzt steht eine Pause an! Ich schaue übers abendliche Meer, in das gerade das Sonnenrad abschiednehmend getaucht ist, und denke: *es gibt für alles eine Zeit.* Also entspanne ich mich und lasse es für heute gut sein. Wie schön, es *gut sein* zu lassen …

Dein erster Schritt

Wackelig die kleinen
festen Beine – stehst du da
und strahlst mich an
vertrauensvoll mit
großen offenen Augen

Noch nicht ein Jahr
du wagst ihn schon
den ersten Schritt
ein zweiter folgt
du gibst die Richtung an

Zu mir
und offen
deine Arme ausgestreckt
nach mir
kommst auf mich zu

Ich gratuliere dir
zu deinem ersten Schritt
während du stolz lachend
deinen Kopf in
meinem Schoß vergräbst

Um schon im nächsten Augenblick
dich umzudrehen
und wackelig
mit deinen festen kleinen Beinen ansetzt
zu deinem ersten zweiten Schritt
um lachend voll Vergnügen
deinen eigenen Weg zu gehen.

Fort von mir
Ich gratuliere – danke dir

Georg Wögerbauer

Bewegung – Provokation zur Begegnung

Ich habe diesen Text für meine Tochter geschrieben, als sie ihre ersten Gehversuche unternahm. Für mich war es besonders in der Zeit, in der meine Kinder klein waren, immer wieder faszinierend zu erleben, mit welchem Tempo sich kleine Kinder entwickeln, wie sie in Wachphasen ständig in Bewegung sind, und wie ihr ganzes Dasein geprägt ist von Beziehungen, die sie leben, in die sie treten.

Es ist faszinierend zu lernen, was ein Menschenleben vom Moment der Zeugung an – während der nächsten zwei Jahre – an intensiver Entwicklung durchmacht. Wenn ich in der Zeit des ersten Lebensjahres meiner Tochter manchmal seminarbedingt eine Woche abwesend war, war ich immer wieder überrascht, wie sehr sich dieses kleine Menschenwesen binnen einer Woche verändern – weiterentwickeln konnte – nicht nur im körperlichen Wachsen, sondern auch im sozialen Lernen, in der Beziehungsfähigkeit zur Mutter, zum Vater, zu den Geschwistern, im langsamen Entwickeln eines sozialen Netzwerkes.

Jeder erwachsene Mensch weiß, wie wichtig für das gesunde Heranwachsen von kleinen Menschen Rhythmus, Strukturen, Rituale und schützende Räume, Geborgenheit und nährende Beziehungen sind. Rein physiologisch wird das Entwicklungstempo der Menschen mit dem Älterwerden immer langsamer, mit zirka 25 Jahren ist der körperliche Wachstumsprozess eigentlich abgeschlossen – und wie wir aus der Entwicklungspsychologie wissen, werden soziale Kompetenz und Beziehungsfähigkeit ebenfalls grundlegend in den ersten Lebensjahren bereits geprägt.

Ich habe viel mit Menschen zu tun, die aufgrund ihrer Sozialisation, aufgrund ihrer persönlichen Entwicklungs- und Beziehungsgeschichte Beziehung häufig mit Leistung verbinden und dadurch rein funktionale Beziehungen leben, die sie nicht wirklich zufrieden stellen. Manche Menschen haben in ihrer Entwicklungsgeschichte solch schwere Defizite erlitten, dass sie – beziehungsmisstrauisch und verletzt – oft alleine leben oder aus ihrer Verletzung heraus immer wieder in die gleichen Beziehungsfallen tappen. Bei diesen Menschen sitzen Wunden häufig so tief, dass sie eine wirklich heilende Begleitung benötigen, um wieder Sicherheit, den nötigen Selbstwert zu erlangen, um sich wieder auf Beziehungen einlassen zu können.

So eine heilende Beziehungsarbeit stellt eine therapeutische Beziehung in der Psychotherapie dar. Das alleinige Verordnen von Psychopharmaka betrachte ich als eine rein *symptomatische und nicht kausale Therapie*[1]. Entwicklung zur Beziehungsfähigkeit benötigt Zeit, ein Umfeld, in dem zu experimentieren möglich ist, Primärerfahrungen in Beziehungen, in die ich mich angstfrei fallen lassen kann.

In unserer Gesellschaft, in unserem gesellschaftpolitischen System sind Familien unterprivilegiert und werden nicht ausreichend unterstützt. Vielfach sind Väter und Mütter mit mehreren Kindern überlastet, überfordert und können ihren Kindern wesentliches Rüstzeug an Beziehungsfähigkeit nicht vermitteln, oft auch nicht vorleben. Beziehungsfähigkeit lernen Menschen in einem sehr frühen Stadium ihrer Entwicklung. Es ist bezeichnend, mit welchem Stellenwert Geburtshilfe, Geburtsvorbereitung, Begleitung von werdenden Eltern, Jungfamilien, KindergartenpädagogInnen, PädagogInnen generell in unserer Gesellschaft belegt werden – Profis, die in diesem Bereich arbeiten, tun dies häufig ehrenamtlich oder schlecht bezahlt.

Wenn wir gesellschaftlich mitgestalten wollen, dann bedarf es sehr weit gesteckter gesundheitsförderlicher pädagogischer Programme, in denen die Salutogenese[2], die Gesundheitsentwicklung im bio-psycho-sozialen[3] Modell im Vordergrund steht. Es ist genau der von der Industrie gesteuerte „Konsumismus“, die Entindividualisierung der Menschen, die uns so leicht zu einem Spielball der alles dominierenden Globalisierung macht.

Ich möchte an dieser Stelle ein Lied von Bettina Wegener[P18] anführen, in dem deutlich wird, dass beziehungsstarke Menschen Menschen mit Rückgrat sind.

1 symptomatische und nicht kausale Therapie: Therapie, die ausschließlich auf Symptome = Körperbeschwerden reagiert und nicht auf die Ursachen, die den Symptomen zugrunde liegen, Rücksicht nimmt.

2 Salutogenese: die Lehre von der Entstehung und Erhaltung des Gesundseins

3 Bio-psycho-soziales Modell: ist eine Sichtweise, bei der die biologischen, seelischen und sozialen Umstände für die Entstehung von Gesundsein und Kranksein berücksichtigt werden.

Sind so kleine Füße
mit so kleinen Zehen,
darf man nie drauf treten
können sonst nicht gehen.

Sind so kleine Hände,
winzige Finger dran,
darf man nie drauf schlagen,
sie zerbrechen dann.

Sind so kleine Ohren,
scharf und ihr erlaubt
darf man nie zerbrüllen,
werden davon taub.

Sind so schöne Münder,
sprechen alles aus,
darf man nie verbieten,
kommt sonst nichts mehr raus.

Sind so klare Augen,
die noch alles sehen,
darf man nie verbinden,
können sonst nicht sehen.

Sind so kleine Seelen,
offen und ganz frei,
darf man niemals quälen,
gehen kaputt dabei.

Ist ein kleines Rückgrat,
sieht man fast noch nicht,
darf man niemals biegen,
weil es sonst zerbricht.

Gerade, klare Menschen wären ein schönes Ziel,
Leute ohne Rückgrat haben wir schon zuviel.

Gerald Koller

Zärtlichkeit und Erziehung

Wie viel *Er*ziehung mit *Be*ziehung zu tun hat, wird in der deutschen Sprache besonders deutlich: Auch das Begleiten von Menschen ist ein stetiger Spannungs- und Balanceakt.

Gesellschaftlich gibt es in unserer Kultur zwei Modelle, wie Erziehung gesehen werden kann. Sie sind im philosophischen Wettstreit zwischen Sokrates und Plato am deutlichsten hervorgetreten – ich nenne sie daher auch sokratische und platonische Pädagogik.

Plato beruft sich in seiner Philosophie auf einen Weisen, dessen Aufgabe es sei, die weniger Weisen in den Zustand der Weisheit zu er-ziehen.

Das Modell ist philosophisch angreifbar: Wer sagt denn, wer der Weise ist? Und auch praktisch hat es seine Tücken: Wenn ohnedies einer zieht, dann können sich ja wohl alle anderen hängen lassen.

Dennoch hat es sich seit 2500 Jahren durchgesetzt, ist es doch hervorragend zum Aufbau und zur Erhaltung von Macht geeignet. Wo wir auch hinsehen – unsere Welt ist platonisch: Der Lehrer weiß angeblich in allen Lebensbereichen mehr als die Schüler, der Pfarrer ist dem Himmelreich angeblich näher als die Schäfchen, der Politiker hat für mein Wohlergehen angeblich mehr Verantwortung als ich selbst – und am deutlichsten zeigen sich die Schattenseiten dieses hierarchischen Beziehungsmodells dort, wo Menschen zum Arzt gehen und ihn fragen: „Was fehlt mir denn?“ So, als könnte der Arzt die Antwort auf meine wesentlichen Lebensfragen geben, auf die ich eigentlich nur selbst – im Glücksfall von einem guten Arzt begleitet – Antwort finden kann.

Das *Beziehungsmodell des Sokrates* ist ein partnerschaftliches – und baut daher nicht auf Macht auf. Er sagt: *„Du suchst, und ich suche. Gehen wir also gemeinsam suchen!"* und er folgert: Nur in der gemeinsamen Suche von Menschen ist Wahrheit zu finden. Hätte sich die westliche Kultur für dieses Modell entschieden, dann wäre *der Lehrer befugt, SchülerInnen zu begleiten, weil er schon länger sucht und nicht, weil er kraft seiner Funktion weiser ist.*

Übung im Suchen und Erfahrung in Beziehungen wären dann die herausragenden Qualitätsmerkmale für Erziehende.

Die moderne Gesellschaft hat selbst – ohne es zu wollen – in vielen Bereichen der Erziehung das Ende des platonischen Modells eingeläutet: Kinder und Jugendliche wissen heute mehr über Computer, Moden und aktuelle Musiktrends als ihre Eltern und diese tun gut daran, mit ihren Kindern in partnerschaftlichem Austausch zu stehen, um sich selbst in aktuellen gesellschaftlichen Entwicklungen weiterentwickeln zu können. Erziehung kann also nur dann gelingen, wenn sie in eine Beziehung eingebettet ist, von der beide profitieren.

Aber das Risiko! werden jetzt manche innerlich rufen. Das Risiko einer unsicheren Welt, die voller Gefahren und Verführungen ist. Ist Erziehung nicht auch dafür da, um Kinder zu schützen?

Natürlich – es gilt, Grenzen zu setzen, denn *„wer für alles offen ist, kann nicht ganz dicht sein"*, wie ein humorvoller, aber weiser Spruch sagt. Aber *wie* diese Grenzen gesetzt werden, das macht die Qualität von Erziehung aus (im Kapitel „Hast du Freunde?", Seite 25, gehen wir darauf genauer ein).

Es stellt sich prinzipiell die Frage, ob es in unserer Welt möglich ist, Kinder vor etwas zu bewahren – oder ob es nicht wesentlich wirksamer ist, sie dabei zu begleiten, sich zu *bewähren.* Zwei kleine Punkte auf einem Buchstaben nur und doch ein so großer Unterschied an Haltung zwischen Bewahrungs- und Bewährungspädagogik!

Was passiert, wenn Eltern ihren Kindern keine Chancen geben, sich zu bewähren, wenn Eltern sie im streng abgeriegelten Elfenbeinturm der heilen Welt vor allem beschützen wollen, zeigt uns eines der ältesten Märchen im deutschen Sprachraum (so alt ist das Wissen um hilfreiche Pädagogik!).

Im Märchen „Die Nixe im Weiher" heißt es:

„Es war einmal ein Müllerpaar, dem fehlte es an nichts. Nur eines wollte sich nicht einstellen: ein Kindlein! Alles hatten die beiden schon versucht, doch nichts hatte gefruchtet.

Da ging der Müller in seiner Not zur Nixe, die im nahen Mühlweiher wohnte. Und als er sie gerufen, tauchte sie bald auf und fragte nach seinem Begehr. Als sie das nun gehört, meinte sie: „Ein Kindlein? Das könnt' Ihr wohl bekommen, aber vergiss nicht: Es wird einmal mir gehören!"

Den letzten Teil der Botschaft hatte der Müller gar nicht mehr gehört, er war in seiner Freude nach Hause geeilt, und hatte alles seiner Frau erzählt. Und wirklich: Neun Monate später, als er von der Arbeit heimkam, hielt ihm die lachend einen Knaben entgegen.

Da war nun die Freude im Müllerhaus groß bis zu jenem Tag, als die beiden Eltern wie ein Blitz die Erkenntnis durchfuhr, dass sie dieses, ihr liebes Kind, einmal der Nixe opfern müssten. Von diesem Tag an durfte der Kleine nicht mehr am Mühlweiher spielen, ja jeder Kontakt mit dem Wasser war ihm verboten. Und auch das Schwimmen wurde ihm nie gelehrt.

Die Jahre gingen ins Land, und aus dem Knaben war ein Mann geworden, der schon lange hatte seine Eltern begraben müssen. Er hatte sich ein junges Weib genommen und war in den Wald gezogen. Hatte dort ein Häuslein gebaut und ging nun dem Beruf des Jägers nach. Bis zu jenem Tag, als ihm ein weißes Reh vors Visier kam. Er versuchte, es zu erlegen. Doch immer wieder entzog es sich seinen Schüssen. Den ganzen Tag hastete er ihm durchs Unterholz nach, bis er es endlich im Abenddämmer erlegen konnte. Er lief hin, es auszuweiden, und da er sich dabei die Hände blutig gemacht, wusch er sich die im Wasser des Mühlweihers, an den er in der Hitze der Jagd unbemerkt geraten war. Da tauchte die Nixe auf, und mit einem Lachen zog sie ihn hinab in die Tiefe."

Ein klassisches Beispiel dafür, wie Eltern mit der pädagogischen Methode der Abschreckung und Ausgrenzung – und wie lange haben wir das in der Pädagogik betrieben! – genau das Gegenteil des Erwünschten erreichen.

Ein klassisches Beispiel auch dafür, wie die neurotische Struktur der Elternfamilie auf die nächste Generation übergeht. Erst „in letzter Not" nützen die Müllersleute die Kraft des Risikos und des Rausches der Nixe, die das triebhaft-erotische, das tief unten in den Wassern des Unbewussten lebt, verkörpert. Doch bald bekommen sie es wieder mit der Angst zu tun: Ihr Kind könnte doch gerade diesem Rauschhaften zum Opfer fallen.

Anstatt aber jetzt den Knaben im geschützten Rahmen experimentieren zu lassen, um eigene Fähigkeiten zu entwickeln und „schwimmen zu lernen", halten sie ihn von allem fern und machen ihn somit unmündig. So ist er ein billiges Opfer für die Nixe und geht ihr vollkommen ahnungslos in die Falle.

Was passiert, wenn wir in unserem Alltag Risikosituationen sofort mit Verbot und Bestrafung belegen, können uns Fachleute deutlich aufzeigen. Einer dieser Fachleute ist mein Freund LUIS TÖCHTERLE, langjähriger Jugendreferent des Österreichischen Alpenvereins. Er hat mir zu diesem Thema Gedanken erzählt, die ich dir gerne weitergeben möchte:

Risiko – ja bitte!

Die Geschichte der kleinen Jaqueline

Stell' dir bitte eine ganz alltägliche Szene vor, die ich erst vor wenigen Tagen so erlebt habe: Ein paar Familien warten auf einem Parkplatz zusammen, um mit ihren Autos gemeinsam weg zu fahren. Plötzlich ertönt der laute Entsetzensschrei eines Vaters „Jaqueliiine – neiiin!!!" und er stürmt schon los. Alle Augen richten sich auf die Zweijährige, um zu sehen, was denn Schreckliches passiert ist. Die Kleine ist auf eine Mauer geklettert. Nur – diese Mauer ist nicht mal einen halben Meter hoch! Das Kind wird heruntergerissen, geschüttelt, eindringlich verwarnt und wieder auf den sicheren Boden gestellt.

Dieses simple Bild zeigt, wie schon bei einem Kleinkind ein Verhalten negativ sanktioniert wird; ein Verhalten, das es für eine gesunde Entwicklung notwendig braucht. Es muss irgendwo hinaufklettern, um beispielsweise zu lernen,

- wie man nach oben kommt
- und wieder herunter
- wie sich dadurch die Perspektive verändert (etwa auf den Vater)
- wie sich durch eigene Initiative Langeweile vertreiben lässt
- dass man aufpassen muss, nicht hinunterzufallen.

Der besorgte Vater hat dieses Lernen unterbunden und dafür vermutlich anderes vermittelt:

- Hinaufklettern ist schlimm!?
- Hinaufklettern nur, wenn Papa nicht zuschaut!?
- oder: Hinaufklettern bringt höchste Aufmerksamkeit vom Dad
- Langeweile muss man aushalten!?
- oder was immer sonst noch in so einem kleinen Menschlein vorgeht …

Dabei war dieses unfreiwillige Lernerlebnis für die kleine Jaqueline bestimmt nicht neu. Wer kennt nicht die wieselflinke Oma, die das am Sofa wippende Baby an sich reißt, noch bevor es auf seinen Hintern plumpsen kann.

Oft muss uns verwundern, dass die Kleinen einigermaßen ungestört den aufrechten Gang erlernen dürfen. Und dieses eigenartige „Lernen" dessen, was Erwachsene (nicht) wollen, hört lange nicht auf.

Nicht über den umgestürzten Baum balancieren! Nicht durch den Bach waten! Nicht auf den Felsen klettern! Und ja nicht mit dem Snowboard ins freie Gelände gehen – wo finden Jugendliche eigentlich noch wohlwollende Unterstützung durch Erwachsene?

Viele wichtige Entwicklungsaufgaben können Kinder und Jugendliche nur unter Risiko bewältigen: den eigenen Platz in der Gesellschaft finden, Freundeskreis und Partnerschaft aufbauen, Wahl der beruflichen Richtung, Gesundheitsverhalten, genussvolle Konsummuster, mit Frust und Konflikten zurechtkommen, die körperliche Entwicklung …

Ein alternatives Verhalten für Eltern und andere Erwachsene wäre bei all dem doch zumindest vorstellbar: *„Schau, probier's einmal so!"* Eine grundsätzlich akzeptierende Haltung also, die Erfahrungsräume öffnet, statt alles mit Verboten und Brückengeländern zu verbarrikadieren …

Wie der Vater der kleinen Jaqueline oder aber auch ihre Oma

mit ihr umgehen – das lässt Zärtlichkeit vermissen. Wenn wir dieses Wort hören, dann denken wir immer zuerst an *Zärtlichkeiten.* Natürlich sind Gesten und Handlungen, die so bezeichnet werden, Ausdruck einer Haltung, die wir Zärtlichkeit nennen. Es geht dabei aber um noch viel mehr.

Zärtlichkeit: das meint zuerst einmal die Fähigkeit, wahrzunehmen. *Wie können wir jemals wahr geben, wenn wir nicht wahr nehmen?* Wer die Situation seiner/ihrer Mitmenschen nicht wahrnehmen kann oder will, wird ihnen Ratschläge geben, die wirklich Schläge sind – Früchte der Besserwisserei.

Wahrnehmen braucht offene Sinne, einen wachen Geist und ein lernbereites Herz. Im Wahrnehmen der kleinen Gesten liegt die Fähigkeit, große Sehnsüchte erkennen und auf oft ungestellte Fragen Antworten geben zu können.

Wer jedoch nur sich selbst oder Konventionen und Zwänge, in denen wir leben, wahrnimmt, geht oft an den Wünschen und Nöten seiner/ihrer Mitmenschen vorbei. Klassische, schon zur bewusstlosen Gewohnheit geronnene Beispiele können wir an jedem Sonntagsspaziergang beobachten: Da stürzt ein Kind und schlägt sich das Knie wund – es weint. Die beschwichtigende, oft beschwörende Reaktion der Eltern: *„Ist ja schon gut!"*

Gar nichts ist gut! Hier verlangt Schmerz seinen Ausdruck und hofft auf Trost. Stattdessen: Beschwichtigung, oder der nicht gesagte, aber deutlich vermittelte Text: *„Sei schnell wieder ruhig, denn Schreien nervt mich, außerdem gehen da drüben unsere Nachbarn, vor denen mir die Situation peinlich ist."* Wer so behandelt wird und keinen Trost erfährt, erlebt Abwertung. Die Nachbarn sind wichtiger als ich, mein Schmerz darf nicht sein, Schwäche ist unerwünscht.

Zärtlichkeit hat viel mit Trost zu tun. Die Mutter, die ihren Speichel auf die schmerzende Stelle reibt, einen Kuss darauf haucht, den Schmerz wegbläst – sie setzt einfache Zeichen des Trostes, die oft wirksamer sind als viele Worte. Gerade wenn wir trösten wollen, sind wir oft auf unsere Sprachlosigkeit zurückgeworfen. Hier sind Gesten, ein mitfühlender Blick, ein stiller Händedruck, eine Umarmung um vieles ehrlicher als der Wortschwall, mit dem wir aus unserer Betroffenheit flüchten wollen.

Zärtlichkeit beginnt – wie jede Beziehung – bei uns selbst. Wie wir es erfahren, gelernt und eingeübt haben, mit unseren eigenen Bedürfnissen umzugehen, so werden wir es auch mit anderen tun.

Ein eindrückliches Beispiel habe ich mal in einer Pizzeria erlebt – so eindrücklich, dass mir die Situation auch heute noch ganz klar vor Augen steht.

Es ist früher Nachmittag. Außer mir befinden sich noch eine Mutter mit einem etwa vier Monate alten Baby, ein alter Mann und der Restaurant-Chef im Lokal. Die gelassene Stimmung verändert sich, als die junge Mutter ihren Aufbruch – hinaus in die winterliche Stadt – plant: Sie beginnt, ihrem Kind Mütze und Jäckchen anzuziehen. Nun, kein Kleinkind liebt diese Prozedur – in der Regel gibt es dies auch kund, wie es seinem Alter entspricht: durch Schreien. Augenblicklich treten der jungen Frau Schweißperlen auf die Stirn, ihre Bewegungen werden fahriger und von hektischen Beruhigungsversuchen begleitet: „Pscht, sei still jetzt! Wirst du wohl ruhig sein! Jetzt aber …" Das Kind spürt die Nervosität der Mutter, das heftige Gezerre an seinen kleinen Armen schmerzt wohl auch – und schreit noch lauter. Niemand im Lokal nimmt Anstoß daran: der alte Mann dreht sich nicht einmal um, ich lächle besonders freundlich und der Italiener ruft enthusiastisch: „Aah, diese Kinder – immer voller Leben!" Trotz dieser durchaus förderlichen Umgebung wirkt die junge Frau vollkommen entnervt. Sie zerrt immer heftiger an ihrem Kind herum, das auch immer lauter schreit und verlässt schließlich fluchtartig das Lokal.

Meine Blicke wandern mit ihr und ich frage mich, wie sie wohl von ihrer Mutter angezogen – und mehr noch erzogen worden ist und wie dieses kleine Kind später einmal seine Kinder erzieht, wenn keine Veränderung passiert. Denn nichts – nicht einmal Viren und Bakterien – werden wohl schneller übertragen als Schuld- und Mangelgefühle von einer Generation zur nächsten. Um die Kette neurotisierender Erziehung zu unterbrechen, braucht es viel Zärtlichkeit – zuerst einmal zu sich selbst – und Humor.

Nur so wird Heilung möglich.

Georg Wögerbauer

Elternschaft – erste prägende Beziehungen!

In meiner Ausbildungszeit im Krankenhaus war mir die Arbeit auf der geburtshilflichen Abteilung besonders wertvoll und wichtig. In der Geburtshilfe hatte ich immer das Gefühl in einem zentralen, gesunden und lebendigen Bereich der Medizin mitarbeiten zu können und ich war und bin als Arzt und Mann immer wieder fasziniert vom Geburtsgeschehen, vom „in die Welt rutschen", wie wir Menschen das eben tun. Die psychologische Erforschung des vorgeburtlichen Lebens und die Säuglingsforschung bestätigen, dass bereits Schwangerschaft ein ganz intensives erstes Beziehungsgeschehen zwischen Mutter und Kind ist.

Ich habe schwangere Frauen erlebt, die im 6. Monat noch nichts von ihrer Schwangerschaft wussten (oder wissen wollten), aber auch Frauen, die schon wenige Tage nach der Zeugung mit einer Sicherheit von ihrer Schwangerschaft sprachen, dass jeder Test unnötig war. Die eigene Geburtsgeschichte, die persönlichen Erfahrungen in den wichtigen ersten Beziehungen – zur Mutter – zum Vater – sind prägend für die Beziehungsfähigkeit als werdende Mutter und werdender Vater.

So wissen wir heute, dass bereits die Schwangerschaft, eben das Beziehungsgeschehen zwischen Mutter und Kind im Bauch, mit-prägend ist für die Beziehungsfähigkeit, für die Identitätsstärke und damit für die Entwicklung von Menschen. Wenn Frauen in der Schwangerschaft großen Ängsten ausgesetzt sind, oder mit Trennung, Verletzung oder schweren Verlusterlebnissen zu tun haben, so kann durch solche Trauma – falls die schwangere

Frau nicht eine unterstützende Begleitung erfährt – das noch nicht geborene Kind mit„traumatisiert" werden.

Dank einer modernen Geburtshilfe haben wir in Österreich eine sensationell niedrige Sterblichkeit von Kinder. Aber die Geburtshilfe hat viel zu wenig die psychischen Risikofaktoren in einer Schwangerschaft berücksichtigt.

Nicht nur das emotionale Aufgehobensein der zukünftigen Mutter, auch das Getragensein in einer stabilen Beziehung – idealerweise in der Partnerschaft – ist wichtig für eine gesunde psychosoziale Entwicklung des Kindes. An dieser Stelle möchte ich die Funktion des Partners, des zukünftigen Vaters für eine gute Schwangerschaft, Geburt und auch Beziehungsfähigkeit des Kindes betonen.

Wenn eine Frau während der Schwangerschaft überwiegend in Ängsten oder Einsamkeit gelebt hat, auf die Geburt nicht entsprechend vorbereitet wurde und sich in ihrem sozialen Netzwerk bedroht oder alleine gelassen fühlt, kann sie nicht nur bei der Geburt, sondern auch in der Beziehung zu ihrem Kind eher häufig Probleme haben, in Kontakt zu treten.

Die primäre Bezugsperson für uns Menschen ist die Mutter. Eine Mutter, die emotional genährt wird durch eine gute Partnerschaft und/oder einen liebevollen Freundeskreis gestärkt ist, kann ihrerseits dem Kind, das nicht nur ein körperlicher sondern auch ein emotionaler Säugling ist, viel Ruhe, Wärme und Geborgenheit vermitteln. Alle diese drei Bedürfnisse sind menschliche Grundsehnsüchte, die nicht nur in den ersten Lebensjahren sondern immer – immer wieder gestillt werden wollen.

Wenn ich in Seminaren einen Rahmen schaffen kann, wo Vertrauen entsteht, dann erlebe ich immer wieder sehr berührte Menschen, die überrascht sind, wie sie Geborgenheit beruhigt – überrascht von ihrer eigenen Sehnsucht nach Halt und Nähe.

Werden kleine Menschen in den ersten Lebensjahren in diesen Grundbedürfnissen immer wieder enttäuscht, dann entwickeln sie Überlebenshaltungen oder auch Überlebensmuster, die sie benötigen, um nicht immer wieder die gleichen Verletzungen zu erleiden.

Wilhelm Reich[P12] und Alexander Lowen[P8] haben diese erlernten Überlebensmuster als sogenannte Charakterstrukturen beschrieben, und es ist spannend und hilfreich, in den jeweils beschriebenen Strukturen seine eigenen Anteile zu erkennen, zu verstehen und besonders auch in der Beziehungsfähigkeit neue Entwicklungsschritte gehen zu können.

An dieser Stelle kann ich die Charakterstrukturen nicht im Detail beschreiben, sondern will sie vor allem unter dem Aspekt der Beziehungsfähigkeit skizzieren. Verständnishalber will ich betonen, dass diese Charakterstrukturen als Modelle zu sehen sind, dass wir Menschen meist aus verschiedenen Strukturen Anteile haben, jedoch in Stresssituationen meist eine dominante Charakterstruktur deutlich wird.

Begriffe wie, psychopathisch, rigid[1] oder schizoid sind nicht als Wertung zu sehen, sollen nicht dazu mißbraucht werden, sich oder jemanden zu kategorisieren, sondern sind klinische Begriffe der Bioenergetischen Analyse.

Alle Charakterstrukturen werden in ihrer Entstehung deutlich in den ersten Lebensjahren geprägt, diese Modelle sind nicht als Defizitmodelle, sondern als Verständnis- und Entwicklungsmodelle zu sehen. *In jeder Struktur gibt es Ressourcen, Fähigkeiten und auch entwickelbare Bereiche.*

Die rigide Charakterstruktur und Beziehungsfähigkeit

Menschen mit rigiden Strukturanteilen haben gelernt, sich Zuwendung und Liebe über Leistung, Erfolg, über „Funktionieren" zu erkaufen. Im Vordergrund steht die Funktion. Diese Menschen sind sehr pflichtbewusst, immer pünktlich, vordergründig freundlich, korrekt, leistungsorientiert, oft auch auf der sportlichen Ebene sehr ehrgeizig, beruflich erfolgreich. Sie prägen ein immer ordentliches, korrektes Erscheinungsbild – Herzeigefamilien – und verwenden viel Energie, zu funktionieren.

Auf der beruflichen Beziehungsebene sind solche Menschen sehr gefragt, begehrt, gerne gesehen, gelten wegen ihrer Verläßlichkeit als treue und pflichtbewusste Mitarbeiter.

Auf der Beziehungsebene sind Menschen mit rigiden Anteilen emotional „begrenzt", können kaum Gefühle zeigen, Herzlichkeit und Innigkeit sind sehr verhalten, die vordergründige Freundlichkeit erstarrt beim konkreten Angebot von Nähe.

Meist werden wirklich tiefe Beziehungen unter dem Vorwand der „vielen Arbeit" und des „Leistenmüssens" vermieden. Es besteht die reale Angst vor tiefer Liebe und Hingabe. Auch im sexuellen Beisammensein sind Funktion und Leistung wichtiger als das sexuelle Erleben in einer Partnerschaft, wo alle Emotionen Platz haben.

1 rigid: starr, steif

Den *Entwicklungsbereich* für Menschen mit rigiden Strukturanteilen sehe ich auf der Beziehungsebene vor allem im Zurücknehmen des Leistungsanspruches, im Gestalten von Ruhepausen, Pausen, wo persönliche Gefühle, Bedürfnisse wahrgenommen werden können. Es geht darum, wieder genießen zu lernen, herzhaft zu lachen, mich mit Menschen umgeben, die mich nicht nach Leistung messen, sondern die mich erleben wollen – mit mir leben wollen, die mich zärtlich berühren dürfen und können und bei mir wieder eine Sehnsucht nach mehr Lebendigkeit wecken.

Die psychopathische Charakterstruktur und Beziehungsfähigkeit

Menschen mit psychopathischen Strukturanteilen verwenden viel Energie um – vorneweg – an erster Stelle zu sein. Häufig findet man solche Menschen in Führungspositionen, wo sie auch wirklich Qualität haben, solange ihnen bewusst ist, dass sie ihre Führungskompetenz nicht in Richtung Verführung missbrauchen.

Auf der Beziehungsebene fordern sie ein Unterordnen des Partners, eine typische Kernaussage in dieser Struktur ist: *„Du darfst mit mir in Beziehung sein, wenn ich es will."* Kontrolle und Macht sind wichtiger als wirkliches Mögen und Lieben. Typische Grundhaltungen dieser Struktur:

„Ich will bewundert werden; auf Kritik reagiere ich mit Entwertung, Wut oder Zornausbruch; du kannst mir folgen, aber ich gebe die Richtung an;

ich weiß, was gut ist für dich, folge mir nur, dann wird es dir gut gehen, aber lege mir ja nichts in den Weg; wenn du mit mir nicht tust, so wie ich will, dann ziehe ich mich gekränkt zurück."

Entwicklungsmöglichkeiten, wie ich sie sehe: Fähigkeiten dieser Struktur annehmen! Ich kann anderen Menschen Sicherheit geben, sie motivieren, führen, Kraft und Halt geben, Menschen für Ideen gewinnen, habe Überzeugungskraft, kann mich gut abgrenzen. Um diese Ressourcen wissend ist es mir dann leichter möglich, auch den anderen entwickelbaren Teil meiner Charakterstruktur zu bearbeiten: Übung in Großzügigkeit; wertschätzend mit anderen in Kontakt kommen; zuhören mit der Grundhaltung: ich will dich verstehen, mir mein eigenes Bedürfnis nach Nähe, Akzeptanz, Halt und Liebe eingestehen, mich getrauen, es auch zu formulieren; Bereiche entdecken, für die ich dankbar sein kann; neue Begegnungen mit Menschen unter dem Aspekt – was will, kann ich von dir lernen, bei dir wahrnehmen – und nicht, worin

muss ich mich mit dir messen; mir Grenzen eingestehen und mich daran freuen, wie anderen auch etwas gelingt; in der Partnerschaft zulassen, mich führen, auch verführen zu lassen.

Die masochistische Charakterstruktur und Beziehungsfähigkeit

Menschen mit masochistischen Strukturanteilen können perfekt mit Druck umgehen, halten Druck in Partnerschaften, am Arbeitsplatz scheinbar endlos lang aus, ohne es nach außen deutlich zu machen – können dazu noch lächeln. Selbstbedrückung und Selbstvorwurf sind Grundhaltungen, vordergründig unterwerfen sie sich auf der Beziehungsebene anderen, wobei innerlich immer wieder eine heimliche Rebellion mitschwingt. Dauerndes Zweifeln, Jammern, Schwarzmalen, Ausweichen, ständiges Untertreiben, alles festhalten und nichts mehr auslassen, sich schlecht oder gar nicht verkaufen können, sind typische Persönlichkeitsmerkmale.

Auf der Beziehungsebene sind viele Zweifel, schlechte Dauerlaune, wenig Energie zur Gestaltung oder Veränderung zu spüren. Negative Äußerungen oder Belastungen werden erduldet und geschluckt, Menschen mit diesen Strukturanteilen halten unverständlicherweise lange an Beziehungen fest, in denen sie leiden. Sie haben verlernt aufzubegehren, auszuwählen, wegzugehen oder zu verändern, deshalb verharren sie in einem System aus Druck und Starre in ihrer Lebenssituation. Sie halten fest an

Beziehungen, die einmal geknüpft sind – wahrscheinlich ein Leben lang – nicht aus Liebe und Treue, sondern weil Festhalten eine Grundhaltung ist.

Entwicklungsbereiche: Ich kann versuchen, die Angst, wieder gedemütigt zu werden, zu besiegen, indem ich versuche, aus mir selbst Anerkennung und Wertschätzung aufzubauen; mich mit Menschen zu umgeben, die mir Mut machen, provozieren, aus mir herauszugehen, mich konfrontieren, einfach gerne haben. Beziehungen, die belasten, verändern oder beenden; das Lustige und Lustvolle dazunehmen, Durchsetzungskraft und Selbstbehauptung entwickeln. Wofür brennt mein Herz, wofür kämpfe ich, wie kann ich vom Aus- und Durchhalten zu aktivem Gestalten verändern, zu mehr Lebendigkeit und Beweglichkeit gelangen?

Schizoide Charakterstruktur und Beziehungsfähigkeit

Die Grundangst in der schizoiden Struktur besteht darin, vernichtet zu werden. Menschen mit diesen Anteilen sind mit sich und ihrem eigenen Körper nicht wirklich in Kontakt: im Vordergrund steht Rückzug, Verstummen, innerliches Verschwinden – häufig Einzelgänger. Es sind meist hochbegabte, kreative Menschen. Schizoide Anteile findet man häufig bei Künstlern, die ganz in ihrer Welt verstrickt sind, reale Bedürfnisse, körperliche Bedürfnisse oft vernachlässigen oder gar nicht wahrnehmen. Menschen mit schizoiden Anteilen haben häufig Probleme, sich emotional einzulassen. Beziehungen ergeben sich maximal dort, wo sachlicher Austausch von Gedanken, Fakten oder Ideen möglich ist. Häufig meiden solche Menschen Beziehungen und große Menschenansammlungen, weichen vor jedem Kontakt primär verschreckt zurück, haben Angst vor allem, was gefühlsbetont ist.

Entwicklungsbereiche für Menschen mit vermehrt schizoiden Anteilen sehe ich primär in der Körperorientierung, im Wahrnehmen und Annehmen des eigenen Körpers, in der verstärkten Kontaktnahme mit dem eigenen Körper und den eigenen Gefühlen; langsames, vorsichtiges Zulassen von Nähe, Berührung, unterstützende Massagen; Erlernen der Beziehungsfähigkeit über Sicherheit zum eigenen Körper und Beziehung zu sich selbst.

Orale Charakterstruktur und Beziehungsfähigkeit

Im Vordergrund steht hier die Angst, wieder und immer wieder verlassen zu werden. Bei einer Grundhaltung, die heißt: „Ich

kann nicht und ich brauche, muss mich anhalten können, benötige Hilfe, benötige jemand, der mich versorgt, durchs Leben trägt.“ Menschen mit oralen Strukturanteilen haben häufig zu wenig Kraft, um auf Dauer genug Interesse für sich wecken zu können, finden häufig Partner, die nur mit Abhängigen zusammengehen können, haben Probleme sexuell eine starke Spannung aufzubauen, dadurch auch reduziertes sexuelles Erleben. Immer wieder tauchen Gefühle, wie Verzweiflung, Einsamkeit und auch Depression auf, die durch ein Lächeln abgewehrt werden. Wenn ein Mensch mit überwiegend oralen Anteilen resigniert hat, seine Wünsche und Sehnsüchte nach Nähe und Wärme zurückgezogen und abgestellt hat, ist er in Gefahr, ein Leben lang allein bleiben zu müssen, ohne wirkliche Nähe, nach der er sich so sehnt.

Entwicklungsbereiche: Hier geht es vor allem um das Entwickeln von Eigenständigkeit und Selbstsicherheit; und wiederum ergibt sich über den Körper gezieltes Ausdauertraining, Stärken der Muskelkraft und der körperlichen Sicherheit ein guter Ansatz auch an der Persönlichkeitsentwicklung zu arbeiten. Es geht darum, den eigenen Standpunkt zu finden und zu stärken. Bewusstes Alleinsein zu gestalten und zu genießen und nicht in passive Einsamkeit verfallen. Menschen mit solchen Strukturanteilen frage ich nach ihren persönlichen Haltegriffen, wo sie in sich selbst Halt finden können, wie sie ihr Leben gestalten können, um zu Halt zu kommen, der nicht zwingend beim Partner sein muss.

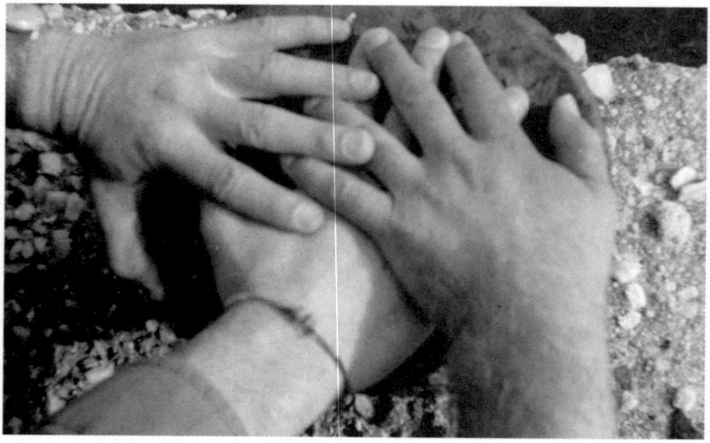

Es geht um das Entwickeln von Strukturen, von Ich-Kompetenz und darum, zielorientiertes Handeln zu üben. Mit zunehmender Eigenständigkeit kann aus einer symbiotischen und damit nicht befriedigenden Beziehung eine Partnerschaft entstehen, wo gegenseitiger Halt und Hilfestellung wohl möglich, aber nicht das Dauermuster ist.

Bei dieser kurzen Reise durch „das Labyrinth der fünf Charakterstrukturen" habe ich wertvolle Impulse aus dem gleichnamigen Buch meines Kollegen Reinhold Dietrich[P4] entnommen.

Ich bin von meiner Grundhaltung Vorsorgemediziner und lege einen wesentlichen Schwerpunkt meines Handelns darauf, mit Menschen an ihrer gesundheitsförderlichen Entwicklung zu arbeiten. Deshalb ist mir an dieser Stelle wichtig, nochmals zu betonen, wie entscheidend und prägend für gesunde menschliche Entwicklung Schwangerschaft, Geburt und erste Lebensjahre sind, vor allem unter dem Aspekt einer gesunden psychosozialen Entwicklung.

Was alles wir zu müssen
glauben
verdirbt den Glauben uns
dass das was sein soll
auch geschieht
Geschenke passen nicht
in zugekrallte Hände
Die lösen sich
und werden weit und weich
mit einem Wort:
Wir dürfen.

Georg Wögerbauer

Sprachlosigkeit in der Partnerschaft – das Vier-Wege-Modell

Jede zweite Ehe in Österreich wird geschieden. Rechtsanwälte leben von der Sprachlosigkeit, in der Menschen – die sich einmal ihre Liebe eingestanden haben – auseinandergehen. Kinder werden neurotisiert[1] aufgrund der Sprachlosigkeit ihrer geschiedenen Eltern. Menschen, die in Sprachlosigkeit und somit auch verletzt aus einer Beziehung gegangen sind, wiederholen häufig diese Muster gestörter Kommunikation und Konfliktvermeidung in einer neuen Partnerschaft.

Ich habe viel zu tun mit dieser Art verwundeter Frauen oder Männer und bin betroffen, wie diese Verletzung – Neurose der Sprachlosigkeit – vielfach auf die Kinder übertragen wird.

Eva und Johannes, beide um die 45, sind seit 20 Jahren verheiratet, haben drei gesunde Kinder. Bei der Untersuchung gibt Eva eine Vielzahl von körperlichen Beschwerden an, ist seit zwei Jahren deutlich mehr infektanfällig, fühlt sich kraftlos, müde und in einer ständigen Überforderung. Angesprochen auf die Zufriedenheiten in ihren Beziehungen wird sie sehr traurig: „Wir haben eine sehr schöne und bunte Zeit in unserer Beziehung gehabt, mein Mann und ich. Jetzt ist uns alles über den Kopf gewachsen. Der Hausbau, die Schulden, die Kinder, schulische Probleme der Kinder, kranke Schwieger-

1 neurotisiert, vgl. Neurose (griech.) durch seelische Krisen verursachte „Gleichgewichtsstörung“, die sich in seelischen oder auch in körperlichen Krankheitserscheinungen oder in beiden äußern kann

mutter, mein Mann hatte vor zwei Jahren einen Jobwechsel, mir ist mein beruflicher Wiedereinstieg nicht so gelungen, wie ich wollte. Unsere Beziehung ist jetzt nur mehr eine funktionale, erschöpfte Beziehung. Wir reagieren gereizt aufeinander, es herrscht Sprachlosigkeit zwischen uns. Ich fühle mich in dieser Beziehung nicht mehr geborgen, auch nicht mehr sicher. Aber zum Schutz der Kinder wagt keiner von uns den Schritt in Richtung Trennung."

Johannes, ihr Mann, wirkt gehetzt, unruhig, hat eine blasse Gesichtsfarbe und traurige Augen. Er klagt über Magenschmerzen, Schlafstörungen: „Seit Jahren bin ich ein Kämpfer, ich arbeite viel, habe viele Belastungen, privat und beruflich. Ich habe nie das Gefühl, mit meiner Arbeit fertig zu werden." Auf meine Frage nach Freunden verneint er traurig, persönliche Freiräume hat er längst keine mehr. Auf Belastungssituationen reagiert er depressiv, gereizt, manchmal blind agierend, wobei er sich dann seinen Kindern gegenüber ungerecht erlebt und verletzend, ebenso in der Partnerschaft. Aufgrund eben dieser Verletzungen hat sich seine Frau zunehmend zurückgezogen. Das Vertrauen für intime Begegnungen in dieser Partnerschaft ist nicht mehr da. Es ist deutlich zu spüren, wie erschöpft und ratlos Johannes ist.

Ich empfehle Johannes und Eva ein Gespräch zu dritt, um mit ihnen gemeinsam verschiedene Entwicklungsmöglichkeiten aus dieser scheinbar „verfahrenen" Beziehungssituation zu finden. Abgesehen von konkreter medizinischer Behandlung, von Handlungs- und Heilungsschwerpunkten, die jeder für sich selbst setzen muss, von persönlich neu und bewusst gestalteten Freiräumen, geht es in dieser Partnerschaft um eine Klarstellung, auch um das Treffen einer Entscheidung, ob und in welcher Form die Beziehung weiter bestehen kann oder nicht. Eine unklare Beziehungssituation ist einer der größten Energieräuber, die Ungewissheit, ob ich mit meinem Partner mein Leben konkret weitergestalte, ein partnerschaftliches Leben führen kann oder nicht, kann viele Energien binden und wirkt sich als Belastung auf das ganze System einer Familie aus.

Meine Hilfestellung als Hausarzt in dieser scheinbar aussichtslosen Situation besteht darin, die IST-Situation von Eva und Johannes so aufzubereiten, dass ihnen deutlich wird, dass sie nicht zwischen zwei, sondern mehreren, in meinem Beispiel zwischen vier Wegen entscheiden können.

Johannes und Eva sind gefangen und nicht entscheidungsfähig, weil sie vor nur zwei Möglichkeiten stehen: der Möglichkeit der Trennung oder der Möglichkeit, so weiter zu kämpfen wie in den letzten Jahren. In ihrer scheinbar aussichtslosen Situation, auch in der Energielosigkeit, die sie beide erfasst hat, haben sie den Blick für andere Möglichkeiten verloren. Beide sind sich einig, dass eine Veränderung ihrer Lebenssituation dringend ansteht, beide sind zu erschöpft um zu einer Entscheidung zu kommen.

Genau in dieser Phase entscheiden sich viele erwachsene Menschen für den Weg eins in meinem *Vier-Wege-Modell.*

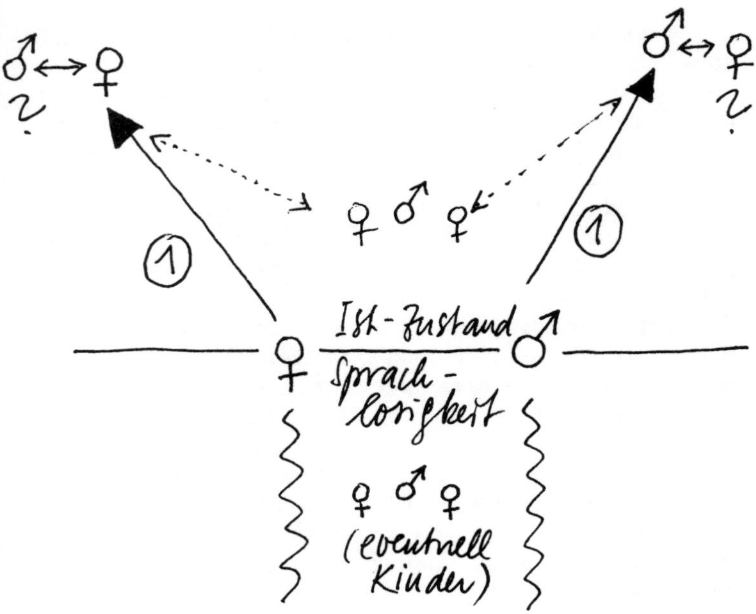

Weg 1: sich in Sprachlosigkeit auseinanderleben

Ich nenne diesen *Weg 1* den *Weg der Sprachlosigkeit oder auch den Weg der Konfliktvermeidung.* Es ist dies ein Weg, der immer mit Verletzung verbunden ist. Viele Beziehungen gehen genau in dieser Sprachlosigkeit auseinander. Der Mann ist durch die Frau verletzt oder die Frau durch den Mann, vielfach ist die Verletzung so tief, dass die beiden nicht mehr miteinander reden wollen – oder können.

Und genau in dieser Sprachlosigkeit des Auseinandergehens

im Weg 1 wird das Fundament für eine neuerliche Verletzung in einer neuen Partnerschaft gelegt. Mit diesem „pubertären" Modell der Konfliktlösung leben erwachsene Menschen ihren Kindern eine Sprachlosigkeit vor, die auch prägend für das Beziehungsverhalten der Kinder wird. Von diesem Beziehungslösungsmodell profitieren Rechtsanwälte, es wird gestritten um die Kinder, um die Wohnzimmereinrichtung oder um das Auto. In der Sprachlosigkeit wird oft auch das „Viele und Gute", das in der Beziehung da war und da ist, nicht mehr gesehen oder auch zunichte gemacht, im Falle von Kindern verletzt.

Wenn eine Frau verletzt und sprachlos aus einer Partnerschaft zurückbleibt, wenn sie nicht die Möglichkeit gehabt hat, über Gelungenes, Positives, aber auch Misslungenes, Negatives in dieser Partnerschaft zu reden, die Beziehung in einer sauberen, erwachsenen Form zu Ende zu bringen, dann ist es naheliegend, dass sie genau diese Verletzung aus der Partnerschaft in eine neue Beziehung hineinnimmt. Wie kommt ein anderer Mann dazu, der sich in diese Frau verliebt, sich mit diesen Verletzungen, die eigentlich aus einer anderen Beziehung herrühren, auseinanderzusetzen und umgekehrt, wie kommt eine Frau dazu, die sich in einen sprachlos getrennten, verletzten Mann verliebt, sich mit eben den Verletzungsanteilen aus der Vorbeziehung dieses Mannes auseinandersetzen zu müssen. In beiden Fällen werden Ängste, Misstrauen und auch Verletztheiten bereits als Grundstein in eine neue Beziehung mithineingebracht. Hier wird die Beziehungsneurose klassisch weitergegeben, nicht nur an den nächsten Partner, sondern auch an die Kinder einer sprachlos getrennten Partnerschaft. Als Arzt weiß ich von einer Vielzahl von solcherart verletzten Menschen zu berichten und es wundert nicht, dass sprachlos Getrennte häufig psychosomatisch erkranken.

Wenn Eva für Johannes schon gar nichts mehr empfindet, auch Johannes betont, es gehe ihm nicht mehr um die Beziehung mit Eva, sondern ausschließlich um die Kinder, dann beschließe ich mit beiden, im Sinne der Kinder, an einer neuen Gesprächskultur zu arbeiten und lerne ihnen in meinem Vier-Wege-Modell den *Weg 2: das strukturierte Zwiegespräch* nach LUKAS MICHAEL MÖLLER[P9].

Die beiden vereinbaren einen Zeitrahmen von drei Monaten, innerhalb dessen sie durch strukturierte Gespräche zu einer Klarheit in Bezug auf ihre Partnerschaft gelangen wollen. Struktur heißt, dass sich beide einmal in der Woche für 90 Minuten Zeit nehmen, an einem klar dafür reservierten Abend in einem Rahmen, wo sie nicht gestört werden, ähnlich wie im „therapeutischen Setting" bei mir in der Ordination.

In den ersten 45 Minuten des Gespräches übernimmt Johannes die „Therapeutenfunktion", ist aufmerksamer, wertschätzender Zuhörer mit der Grundhaltung: *„Ich will dich verstehen!"* Eva hat die Möglichkeit, ungestört in Form von Ich-Botschaften über ihre Lebenssituation, über ihre Ängste, ihre Sehnsüchte, ihre Sorgen bezüglich der Kinder zu sprechen. Johannes hört zu, seine einzige Aufgabe ist zu versuchen, die Mutter seiner Kinder zu verstehen. Er hat nur dann die Möglichkeit Eva zu unterbrechen, wenn sie mit Vorwürfen oder Schuldzuweisungen die Spielregeln durchbricht.

Nach 45 Minuten übernimmt Eva die Therapeutenrolle als aufmerksame Zuhörerin, ständig bemüht, Johannes zu verstehen, der seinerseits bedacht ist, in Form von Ich-Botschaften und nicht mit subtilen, rhetorisch gekonnt versteckten Vorwürfen seiner Frau Mitteilungen zu machen.

Im Fall von Eva und Johannes war die Sprachlosigkeit und Verstrickung so kompliziert, dass ich ihnen anbot, die ersten Zwiegespräche quasi als neutraler Moderator zu begleiten.

Wenn dieses Weg 2-Modell mit entsprechender Wertschätzung, Disziplin, unter Einhaltung des streng vorgegebenen Settings über mehrere Wochen durchgeführt wird, können Eva und Johannes nicht nur Rechtsanwalts-, sondern auch Psychotherapeutenkosten sparen, weil sie in diesem Modell selbst die besten Coaches im Entscheidungsprozess sein können.

Nach einem selbst gewählten Zeitraum von ca. 3 bis 6 Monaten, den sie zu zweit oder mit mir gemeinsam definieren, steht eine klare Entscheidung bezüglich weiterer Lebensgestaltung und Partnerschaft an. In dieser Phase des Weges 2 haben beide die Möglichkeit, wieder eine neue Gesprächskultur zu erlernen, aufgrund des vorgegebenen Settings ist das Zurückfallen in die alten Kommunikationsmuster der gegenseitigen Missverständnisse und Vorwürfe nicht so leicht möglich.

Im Sinne der Transaktionsanalyse kann eine Grundhaltung auf der Basis von „Ich bin o.k, du bist o.k" entwickelt werden Es werden nicht mehr ausschließlich Verletzungen ausgetauscht, es gibt keine Schuldzuweisungen. Durch das Benennen und Besprechen auch von gelungenen Bereichen der gemeinsamen Lebensgestaltung und Ressourcen ergibt sich eine neue Sicht und Bewertung der Beziehungs- und Partnerschaftssituation.

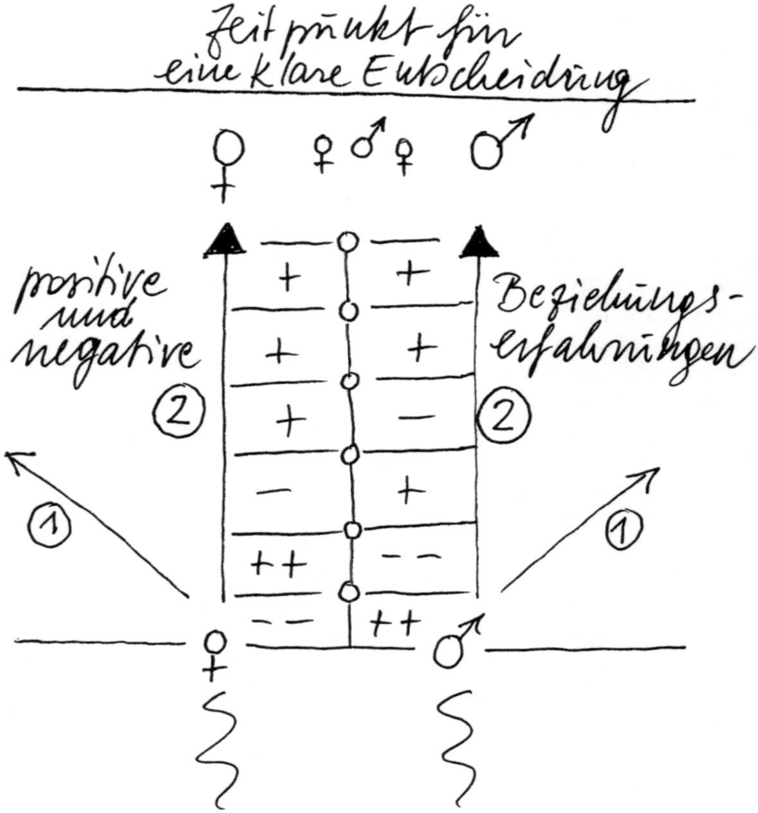

Weg 2: das Zwiegespräch von L. M. MÖLLER

Nach Ablauf der gemeinsam vereinbarten Zeit treffen die beiden eine Entscheidung, entweder neuerlicher Aufschub mit konsequentem Fortsetzen der Zwiegespräche oder *Weg 3:*

Sie kommen zur Erkenntnis, dass bei allem Bewusstsein der Ressourcenanteile ihrer Partnerschaft, bei allem Bewusstsein der Defizite ihrer Partnerschaft, es für sie und ihre Kinder am besten ist, ein *erwachsenes Trennungsmodell* zu leben. In dieser Phase sind sie jedoch wieder gesprächsfähig und in der Gewissheit, dass sie immer die Eltern der gemeinsamen Kinder sein werden, egal wie sich nach einer Trennung die weiteren Wege gestalten. In diesem Fall bekommen die Kinder von gesprächsfähigen Eltern ein erwachsenes Trennungsmodell vorgelebt, in dem es um Abschied, auch um Traurigkeit, auch um Verletztheit, aber auch um Ressourcenbewusstsein geht.

Wenn mir eine Frau oder ein Mann sagt, er/sie sei geschieden, dann frage ich immer, ob er/sie in Sprachlosigkeit, im Guten oder verletzt getrennt ist.

Der Weg 3 im Fall von Eva und Johannes eröffnet neue Perspektiven, einerseits für Eva nach einer klar beendeten Partnerschaft mit konkreten persönlichen Erfahrungen und Lernschritten wieder nach einiger Zeit frei für eine neue Beziehung zu sein, andererseits gilt dasselbe auch für Johannes.

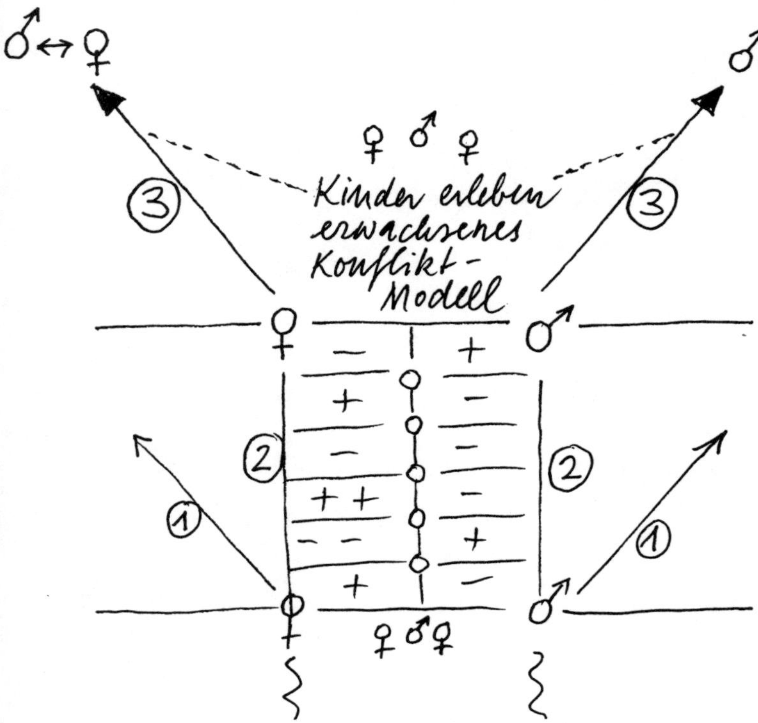

Weg 3: erwachsenes Trennungsmodell auf der Grundlage von gelingender Kommunikation

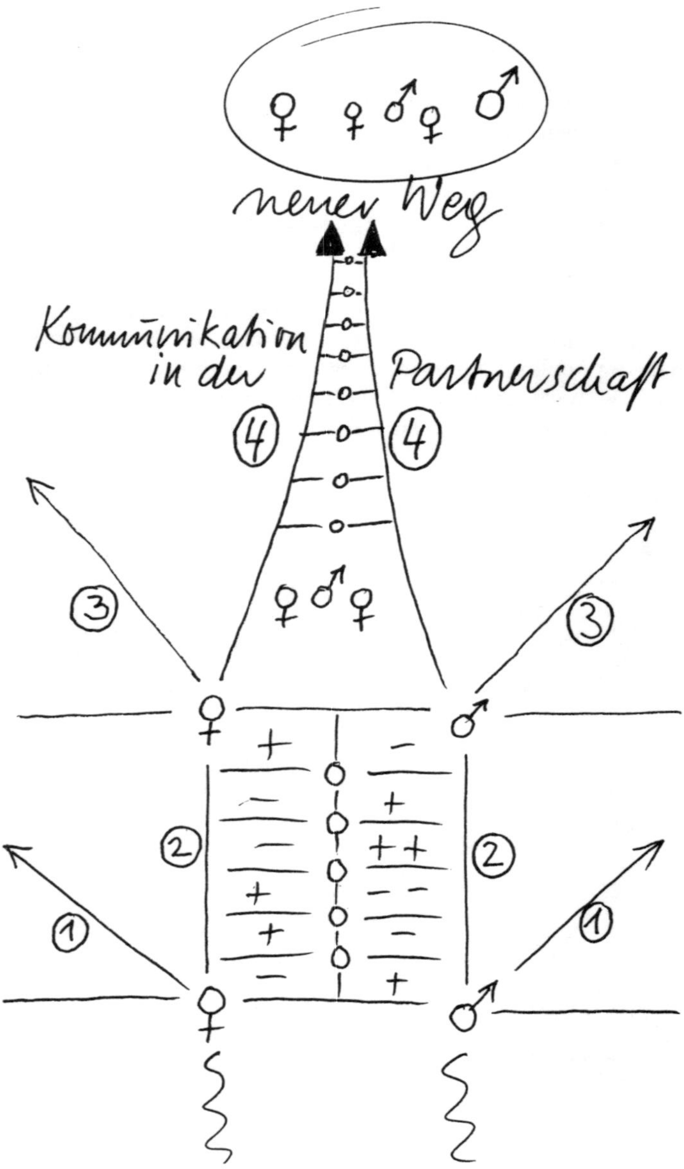

Weg 4: durch Gespräch und Zeit wieder zusammenfinden und einen neuen Weg in eine neue Richtung gehen

Der *Weg 4* in meinem Vier-Wege-Modell – und ich darf ihn als Arzt auch immer wieder erleben – ist der Weg des *Neuanfangs zu zweit.*

Eva und Johannes erkennen die vielen gemeinsamen Ressourcen, das viele Gemeinsame, Schöne, das sie haben. Es gelingt ihnen in der neu erlernten Gesprächskultur auch Fehler einzugestehen, sie haben wieder das Zuhören gelernt, das gegenseitige Verzeihen und haben eine festere Basis denn je für einen Neustart in ihrer Partnerschaft. Der Weg 4 ist also das Modell eines bewussten Neuanfanges.

Auch in diesem Fall leben die beiden ihren drei Kindern ein sehr „erwachsenes Konfliktlösungsmodell" vor, auch ein sehr wertvolles, weil die drei Kinder von Eva und Johannes erleben dürfen, dass in Beziehungen Fehler, auch Verletzungen passieren, und dass tragfähige Beziehungen trotzdem oder erst recht auf einer guten Basis der Kommunikation und des gegenseitigen Vertrauens weiterbestehen können.

In der Fallgeschichte von Eva und Johannes ist ihnen – nach mehreren Versuchen – letztlich der Weg 4 gelungen. Voraussetzung dafür war, dass primär nicht jeweils der eine Partner den anderen verändern wollte.

Die Schwerpunkte lagen woanders:

◆ Im Bemühen, den anderen in seiner Lebenssituation zu verstehen.

◆ Änderungen bei sich persönlich und in der eigenen Lebensgestaltung zu setzen und somit auch sicht- und spürbare Zeichen in Richtung PartnerIn zu geben.

◆ Über strukturierte Freiräume zu zweit wieder eine neue Beziehungskultur zu entwickeln, in der Kommunikation gelingen kann.

Georg Wögerbauer

„...beim Reden kumman d'Leut' zaum'" oder „Gott sei Dank kommt zu uns noch der Bäcker!"

In dem kleinen Dorf, das ich bewohne, gab es bis vor wenigen Jahren noch 6 landwirtschaftliche Betriebe. Zweimal täglich trafen sich die Bäuerinnen im Milchhaus zum Abfüllen der Milch und auch – wie ich erleben durfte – zum Reden. Das „tägliche Milchhaus" war so eine Art Jour fixe – immer zur gleichen Zeit – ein Fixpunkt im Arbeitsalltag. Da wurde gelacht, manchmal auch gestritten, jedenfalls war dieser regelmäßige Treffpunkt für die meisten Frauen eine wichtige Gelegenheit, auch mit den anderen Bäuerinnen im Dorf zusammenzukommen. Gespräche über Krankheit, Sorgen mit den Kindern, aber auch handfeste Diskussionen – für all diese wichtigen Beziehungsbereiche hat das Milchhaus „hergehalten".

Jetzt gibt es nur noch einen milchproduzierenden Betrieb in unserem Dorf, der über eine eigene Milchabfüllstelle verfügt und ich erinnere mich noch sehr gut an das Gespräch mit der Altbäuerin, als sie zum letzten Mal nach 70 Jahren ihr Milchwagerl durchs Dorf führte.

„Praktisch is' scho'!" – *sagte sie* – *„das dea Müchwogn' jetzt direkt bei uns stehn' bleibt und die Müch holt, oba wissen's, load is' mia ah' – weu jetzt kumman mia goa nimma so oft zauman im Dorf. Des mitanaund Redn' wird mia obgehn'!"*

„Ganz früher" – fährt sie fort – und ich lasse sie verständnishalber hochdeutsch reden – *„als ich noch eine junge Frau war, da sind wir einmal in der Woche mit unseren Spinnrändern durchs Dorf gegangen und haben uns in einer Stube zusammengesetzt, um*

miteinander zu spinnen und zu plaudern. Dann ist der erste Fernseher gekommen, wir haben unsere Spinnräder zu Hause gelassen und sind mit den Sesseln durchs Dorf marschiert, haben uns um den damals einzigen Fernseher im Dorf versammelt – gemeinsam geschaut – aber nicht mehr viel miteinander gesprochen. Jetzt haben wir alle einen Fernseher, jede sitzt zu Hause – schaut – aber das Gespräch wird noch weniger. Mit dem gemeinsamen Milchhaus, das nun geschlossen wird, geht wieder ein wichtiger Ort der Begegnung für uns verloren.“

Dieser alten Frau – die ich sehr schätze – zuhörend, gehen mir viele Bilder durch den Kopf, wie ich sie all die letzten Jahre zu jeder Jahreszeit – bei Regen, Schneefall, aber auch an schönen Sommerabenden – regelmäßig mit ihrem Wagerl durchs Dorf fahrend erlebt habe. Sie wird das für sie so wichtige Gespräch mit anderen im Dorf vermissen und auch ich werde sie viel seltener sehen und sprechen. Ein wichtiger Taktgeber im Rhythmus der Begegnungen in unserem kleinen Waldviertler Dorf geht somit verloren.

„Aber wenigstens haben wir noch den Bäcker“, sage ich, um sie und mich ein wenig zu trösten.

Unser Bäcker fährt viermal pro Woche laut hupend ins Dorf und aus allen Häusern kommt jemand gelaufen, manchmal auch ich – so ich nicht verschlafe – und ein neues Forum für Begegnung, für gelebte Beziehung tut sich auf.

Ich will noch möglichst lange das lautstarke und fröhliche

Lachen meiner Nachbarin hören, wenn wir mit dem Bäcker blödeln – das Lachen als Zeichen der Lebendigkeit, aber auch des Gelassenseins in Beziehungen, die tragen und helfen im ganz normalen, aber gelebten Alltag!

Georg Wögerbauer

Für immer jung?

Mit vieljähriger Verspätung hat nun auch in Österreich die Wellness-, Fitness-, Lifestyle-, Happy and Fun-Bewegung Einzug gehalten: Die Menschen laufen und laufen und laufen. In einer Zeit, in der Beziehungen zunehmend darunter leiden, dass keine Zeit vorhanden ist, in der überall Tempo erhöht statt reduziert wird, kommt endlich ein heilsames Rezept: Österreich geht laufen!

Auch ich bin begeisterter Läufer und staune über die Entdeckungen, die ich laufend mache, möchte aber an dieser Stelle doch kritisch dem allgemeinen Lauftrend entgegenstellen, dass das Laufen auch Flucht sein kann – und dass es ein Unterschied ist, ob ich „laufend" in einem Prozess bin und das Laufen ein Teil meiner bewussten Lebensgestaltung ist, oder ob ich als Läufer der Perfektion und einem hochgesteckten Ziel „hinterherrenne". Dann erreiche ich zwar das Idealgewicht sowie Marathonlevel und habe den besten Body-Mass-Index, habe aber vor lauter Training und Fixiertheit auf mein Laufziel keine Zeit mehr für Freiräume – für Beziehungen, die mich zufriedenstellen.

Verglichen mit anderen Kulturen haben Männer Mitteleuropas und Nordamerikas eine schlechtere Spermaqualität, wie auch die Fruchtbarkeit der Frauen in hoch entwickelten Ländern abgenommen hat. Aus der Stressforschung ist bekannt, dass chronischer Distress, Schlafstörungen und Ängste Auswirkungen auf die Fruchtbarkeit von Menschen haben.

Fruchtbarkeit hat also mit Lebensstil zu tun, und der Lebensstil hat wiederum mit Beziehungsfähigkeit zu tun. Wenn ich für mich persönlich keine Freiräume mehr gestalten kann, wenn ich mich ewig gehetzt fühle und nicht mehr zur Ruhe komme, dann wirkt sich das auf mein Beziehungsverhalten aus. Der Slogan „forever young" propagiert die Philosophie von Selbstverwirklichung um jeden Preis, das ewige Jungbleiben. Ich möchte diesen Jugendlichkeitswahn unserer Gesellschaft kritisch betrachten, zumal gerade den jungen Menschen nicht wirklich ausreichend Unterstützung geboten wird. Mir fehlt hinter diesem heute sehr trendigen Slogan der wichtige Bereich des verantwortlichen Lebens in tragfähigen Beziehungen, des Mitgestaltens und der Mitverantwortung am gesellschaftlichen und strukturellen Gesundsein. Als Arzt bin ich davon überzeugt, dass sich die Mehrheit der Österreicherinnen und Österreicher zu wenig bewegt, und dass Bewegung ein ganz wesentlicher gesundheitsförderlicher, auch struktureller Schwerpunkt ist. Ich möchte jedoch dieser Bewegung die Bewegtheit gegenüberstellen, die Fähigkeit der Emotionalität, die Fähigkeit, lachen zu können, weinen zu können, fair streiten zu können, in tragfähigen Beziehungen und auch in Krisen bestehen zu können. *Erst die Synergie von Bewegung und Bewegtheit ermöglicht* – wie mein Freund Waldefried Pechtl[P10] gesagt hat – *wirkliche menschliche Entwicklung.*

Eines der wichtigsten Lernfelder für Beziehungsfähigkeit – vielleicht das wichtigste – ist die Familie. Ich scheue mich nicht, an dieser Stelle zu sagen, dass wir in Österreich eine nicht sehr familienfreundliche Gesellschaftspolitik vorfinden. So lange wir unseren Lebensstil nicht ändern, wird kein „Kinderscheck" Menschen motivieren, Kinder zu bekommen. Der von gewissen Gruppierungen in unserem Land propagierte Kinderscheck ist eine Antwort auf das Fehlen von „Produktionsfaktoren", eine Antwort aus falscher Angst und rassistischer Enge, „ja keine ausländischen Fachkräfte in unser Land hereinlassen zu müssen". In unserem von Politikermündern gepriesenen familienfreundlichen Land gibt es noch immer *keine* Teilzeit-Modelle, und ich könnte an dieser Stelle eine Vielzahl von Fällen von Hausfrauen-Burn-out als Resultat einer de-facto familienfeindlichen Politik beschreiben.

Wer heute in diesem Land Kinder in die Welt setzt, geht eine deutliche Mehrbelastung ein – mit klaren finanziellen Nachteilen – und gleichzeitig die hohe Verantwortung, Kindern wertvolle Impulse und Beziehungsfähigkeit zu geben und vorzuleben. Aus

der Entwicklungspsychologie ist bekannt, dass die wesentlichen Weichenstellungen der Beziehungsfähigkeit in den ersten drei Jahren gelegt werden. Genau in dieser Phase der Familiengründung, in der die meisten Energien der Eltern eigentlich für die gesunde Entwicklung der Kinder bereitstehen sollten, etablieren sich Mütter und Väter beruflich, werden Wohnungen gekauft, Häuser gebaut, Kredite aufgenommen – und vom Staat zusätzliche Belastungen anstatt Entlastungen geboten. Ein klarer Spiegel für die Überforderung der Kleinfamilien in unserer sehr druck-, leistungs- und tempoorientierten Gesellschaft ist die deutliche Zunahme der Zahl verhaltensauffälliger Kinder.

Frau S. kommt zu mir in die Ordination. Sie ist glücklich verheiratet, ihr Mann ist Alleinverdiener, von Beruf Fliesenleger. Gemeinsam haben sie drei Kinder im Alter von 6 und 4 Jahren sowie ein Neugeborenes mit 6 Monaten. – Schon in meinem Behandlungsraum vernehme ich einen außergewöhnlichen Wirbel aus dem Wartezimmer, wo Frau S. mit ihren drei Kindern Platz genommen hat. Sie kommt alleine mit drei Kindern, ihr Mann arbeitet, für einen Babysitter ist kein Geld da. Bedingt durch drei Kinder hat die Familie eine neue Wohnung gekauft und sich dabei verschuldet, sodass das Haushaltsbudget knapp ist.

Als sie mit ihren drei Kindern meinen Behandlungsraum betritt, sehe ich eine vollkommen erschöpfte, blasse Frau mit Ringen unter den Augen. Der älteste Sohn mit 6 Jahren weigert sich, den Behandlungsraum zu betreten und steht trotzig beim Tür-

stock. Die Tochter muss dringend aufs WC, der 6 Monate alte Säugling schreit aus vollem Hals. Ich spüre die Unruhe, meine Ordinationshilfe geht mit dem Mädchen zur Toilette, ich erkläre dem Älteren, dass er keine Spritze bekommt und empfehle der Mutter, den Säugling anzulegen, damit er zu schreien aufhört. Das mittlere Kind bekommt einen Trotzanfall, und es gelingt kein konstruktives Gespräch mit Frau S. Zwischen schreiendem und trotzendem Kind bricht sie schließlich selbst in Tränen aus, es sei ihr alles zuviel, sie habe keine Kräfte mehr. Das jüngste Kind schreit die ganze Nacht. Sie sei hier, weil sie beim Säugling Ohrenschmerzen vermute. Die mittlere Tochter sei auf das Neugeborene extrem eifersüchtig und der große Sohn beginne neuerdings wieder bettzunässen. An meiner eigenen Überforderung mit dem Beschwerdebild dieser Familie spüre ich, wie dieses System belastet und überlastet ist.

Meine Ordinationshilfe führt die beiden großen Kinder wieder in den Warteraum, wo sie nun zeichnen. Nun kann ich mit der den Säugling stillenden Mutter in Ruhe sprechen.

Ihr Mann arbeitet für die Firma 40 Stunden in der Woche. Seit dem Einzug in die neue Wohnung nimmt er jeden „Pfusch“[1] an, um zusätzlich zu verdienen. Das heißt, dass ihr Mann außer Sonntag Nachmittag täglich frühestens ab 20 Uhr vollständig erschöpft zu Hause ist. Frau S. ist von Beruf Volksschullehrerin.

1 „Pfusch“: „Schwarzarbeit“

Sie hat sich immer schon auf ihre Rolle als Mutter gefreut, fühlt sich jetzt jedoch vollständig überfordert. Nach 6 Monaten Stillen, drei Kindern und einem die meiste Zeit abwesenden Mann beschreibt sie ihr „Nervenkorsett“ als sehr angespannt, nicht zuletzt aufgrund ihres chronischen Schlafdefizits. In der Partnerschaft mit ihrem Mann ist sie glücklich, sie versteht, dass er am Abend erschöpft ist. Sie sieht aber auch sehr klar die Gefahr der zunehmenden Sprachlosigkeit und Entfremdung in der Beziehung.

Mancher Leser möge jetzt kritisch einwenden, ich problematisiere zuviel, früher gab's auch Kleinfamilien und keine wirkliche Unterstützung. Ich möchte dem entgegenstellen, dass im Unterschied zur Zeit vor 30 Jahren heute Kleinfamilien isolierter sind, sowohl in der Stadt als auch am Land, dass es lang nicht mehr so stabile Beziehungsnetzwerke gibt, dass Freizeitangebote im pfarrlichen Bereich oder im außerschulischen Jugend- und Gruppenbereich deutlich weniger wurden und dass die finanziellen Belastungen für Kleinfamilien enorm gestiegen sind.

Im Fall von Frau S., die eine intakte und gute Basis in der Partnerschaft hat, ist die Krise für die Jungfamilie zu bewältigen. Vielfach scheitern jedoch Familien in ähnlichen Szenarien. Von Seiten des Staates, der Gesundheits- und Sozialpolitik gibt es bis dato zu wenig vernünftige, präventive, psychosoziale Maßnahmen zur Unterstützung von Jungfamilien.

In Österreich nimmt die Bevölkerungszahl zu, weil die Lebenserwartung steigt und die Menschen älter werden. Tatsächlich kommen in Österreich immer weniger Kinder zur Welt. Da mutet der Slogan „forever young“ besonders paradox an – in einer Gesellschaft, die vom Lebensstil und vom Lebenstempo immer weniger gesunden Entwicklungsraum für Kinder zur Verfügung stellt. In dem von uns selbst geschaffenen Überfluss und Lebenstempo limitieren wir – Menschen der hochentwickelten Industrienationen – uns selbst durch abnehmende Fruchtbarkeit.

Ich möchte dem Slogan „forever young“ den Slogan „für immer lebendig“ – oder um dem Druck des „für immer“ auszuweichen – ein „immer wieder lebendig“ entgegensetzen – *lebendig in gelebten Beziehungen!*

Gerald Koller

Chaos und Ordnung: Wie aus Gegensätzen Beziehung wächst

Chaos und Ordnung – schon als es um Konflikte ging, war von den beiden die Rede.
Mit der Integration des Chaotischen, Regressiven, Schwachen in unser Leben tun wir uns als Mitglieder einer Hochkultur schwer. Wie wichtig jedoch die Beziehungsaufnahme zu beiden – den geordneten Strukturen in unseren Leben und dem Chaotisch-Unerwarteten – ist, davon soll hier genauso zu lesen sein wie von den Möglichkeiten, die Menschen gefunden haben, Balance und Beziehung zwischen diesen beiden Polen herzustellen.

Denn Beziehungen sind nicht steuerbar wie maschinelle Abläufe – in Beziehungen brauchen wir eine ganze Menge Flexibilität und die Fähigkeit, Brücken zu bauen …

Die Gegensätze

So sehr wir uns auch bemühen, unser Leben in Ordnung zu bringen – „Ordnung ist", wie der Volksmund sagt: „das halbe Leben" – es ist eben wirklich nur die Hälfte. Die andere Hälfte ist das Chaos, das Unerwartete und das Ungestaltbare. Die Krise, der Konflikt und das Unwetter, die Katastrophe, der offene und ungeplante Prozess – Leben entsteht immer wieder aufs Neue: durch die Begegnung, das Ineinandergreifen, die Beziehung zwischen Ordnung und Chaos.

Wir schaffen Strukturen und Ordnungen, die uns das Leben erleichtern und das Überleben sichern, bis zu jenem Moment, da ein chaotischer Umbruch die bisherige Ordnung aufhebt. Somit sind wir gezwungen, uns neu zu orientieren, neue Ordnungen zu schaffen – und uns damit weiterzuentwickeln.

Die Beziehung zwischen Chaos und Ordnung fördert unsere Balance zwischen Flexibilität und Beharrung, zwischen Abenteuer und Heimat. Zwischen diesen Polen spannt sich unser Leben auf, und wird auch nur lebendig bleiben, wenn wir einen Rhythmus finden, der das Alte bewahrt – und doch auch offen für das Neue ist. Dauerhafte Unausgewogenheit stört diesen Rhythmus und führt zu Krankheit, zum Tod.

A propos Rhythmus: im Gegensatz zum Takt, der von außen vorgegebene starre Ordnung ist, ist Rhythmus das Grundmuster unseres Lebens.

Und was am Rhythmus auffällt, ist seine Integration von Ordnung und Chaos, Stabilität und Veränderung: kein Herzschlag und keine Tageslänge ist den Vorgängern gleich. In steter Wiederholung passiert doch Veränderung.

Rhythmen in unserem Leben zu finden: zwischen Anspannung und Entspannung, Genießen und Verzichten, Geben und Nehmen, nach außen und nach innen gehen, heißt, Beziehung zwischen den Polen des Lebens aufbauen, um damit gesund und lebendig zu bleiben.

Natürlich ist das Chaos nicht beliebt. Auch wenn wir heute aus den verschiedensten Forschungsgebieten wissen, dass Leben nur im Ineinander von Chaos und Ordnung passiert und reine Ordnung ebenso zum Tod führt wie reines Chaos: das Aufbrechen von Veränderung und Offenheit macht zuerst einmal Angst. Aber wie auch immer wir damit umgehen, wir können uns der Kraft des Chaotischen nicht entziehen: unser Immunsystem bleibt nur aktiv, indem wir dauernd chaotische Angriffe von tausenden von Viren und Bakterien abwehren müssen – in deinem Bett warten zwei Millionen Bettmilben auf dich (du bist nie alleine), ein Wald, in dem kein Sturm mehr Bäume umwirft, stirbt an Humusmangel – und die wesentlichsten Momente in deinem Leben (wie deine Geburt) waren wohl kaum welche, die nach Ordnungsmaßstäben, geplant und strukturiert, vor sich gegangen sind.

Die Spaltung …

Im Kapitel zum Thema „Fair streiten: Beziehung leben heißt Konflikte gestalten“ (Seite 87) bin ich dir schuldig geblieben, warum wir in einer konfliktscheuen Gesellschaft leben. Ich habe dort

den Konflikt als Familienmitglied der Familie Chaos bezeichnet. Nun sind Hochkulturen bestrebt, mittels Ordnungsstrategien das Erreichte an materiellen und geistigen Besitz vor Verlust zu sichern.

Konflikt, Krise, Rausch, Jugend, Alter, Behinderung, Krankheit und Tod: sie machen uns auf die Vergeblichkeit dieses Bemühens aufmerksam und müssen daher an den Rand der Dörfer, Städte, Gesellschaften gedrängt werden.

Schau dir den Plan des Ortes an, in dem du lebst und du wirst sehen, dass alle Ordnungsstrukturen sich architektonisch in der Mitte scharen, alles Chaotische aber am Rand untergebracht wird. Naturnahe Kulturen gehen mit diesem Phänomen integrativer um: das Erschütternde wird in die Mitte geholt, womit ihm die Bedrohung genommen wird.

Den unerbittlichsten Umgang mit dem Chaotischen pflegen Diktaturen – es ist paradox und folgerichtig zugleich, dass sie es sind, die oft das größte Chaos auf die Welt bringen. Am Beispiel des Niedergangs der DDR wiederum ist feststellbar, was passiert, wenn ein Volkskörper seine Immunkraft verliert. Über 40 Jahre wurde das Chaos der Kommunikation durch ein perfektes Überwachungssystem unterbunden. Kaum jedoch fanden sich einige wenige, die miteinander ins Gespräch kamen, zeigte sich, dass der Staat gegen die folgende „bakterielle Wirkung“ des Aufstands vollkommen hilflos war: binnen drei Monaten war seine Macht gebrochen.

Aber auch wir, die wir in Demokratien leben (manche sprechen listigerweise von „Demokraturen“ oder „Mediokratien“), können immer wieder miterleben, wie schwer es uns fällt, mit der Krise, die uns das Chaotische beschert, umzugehen.

… und die Brücke

Welche Strategien haben nun Menschen gefunden, um mit dem Vakuum, das das Chaos hinterlässt, konstruktiv und nicht destruktiv oder verdrängend umzugehen?

Schließlich gilt die Zeit der Krise als die der großen Gefahr für Kränkung und Krankheit.

Das christliche Symbol des Osterfestes zeigt uns, wie elend und doch notwendig diese Zeit ist: auf den schmerzensreichen Abschied des Karfreitags folgt nicht der triumphale Ostersonntag auf den Fuß – nein, da ist der Karsamstag, *„ein Tag wie Blei, ein Tag ohne Hoffnung“* wie die Autorin Luise Rinser[P13] schreibt.

Wer weiß, wie lang der „Karsamstag“ der Pubertät, der Midlife-Crisis, der Arbeitslosigkeit, der Krankheit dauert? Und dennoch brauchen wir diese Zeit, um – „weichgekocht“ von der Krise – so offen zu werden, dass uns etwas ein-fällt (was in den Zeiten der Stärke abprallen würde) und wir neu werden können. Jene Helfer, die Menschen in diesen Zeiten der Verunsicherung als Leitlinien und Haltegriffe entwickelt haben, sind *Rituale.*

Rituale geben Halt und Orientierung, schaffen Klarheit in stürmischen Zeiten des Umbruchs, geben Heimat im Gefühl der Fremde, entwickeln Ordnung in chaotischen Zeiten. Und gerade dadurch helfen sie uns, das Chaos nicht abzuwehren, sondern es zu akzeptieren und zu integrieren und uns damit weiterzuentwickeln. Sie fördern unsere Neugier auf das Leben. Beim Wort Rituale werden wohl verschiedene Bilder bei dir aufsteigen: Vom täglichen Zähneputzen als Alltagsritual über Feste mit FreundInnen und deiner Familie, über Staatsfeierlichkeiten, den Fronleichnamsumzug durchs Dorf bis zur Begräbniszeremonie für einen lieben Menschen.

Ich habe versucht, die verschieden Ritualstufen – geordnet nach ihrer Nähe zu den Polen *Ordnung* und *Chaos* – darzustellen.

Als Symbol – natürlich – wieder die Spirale:

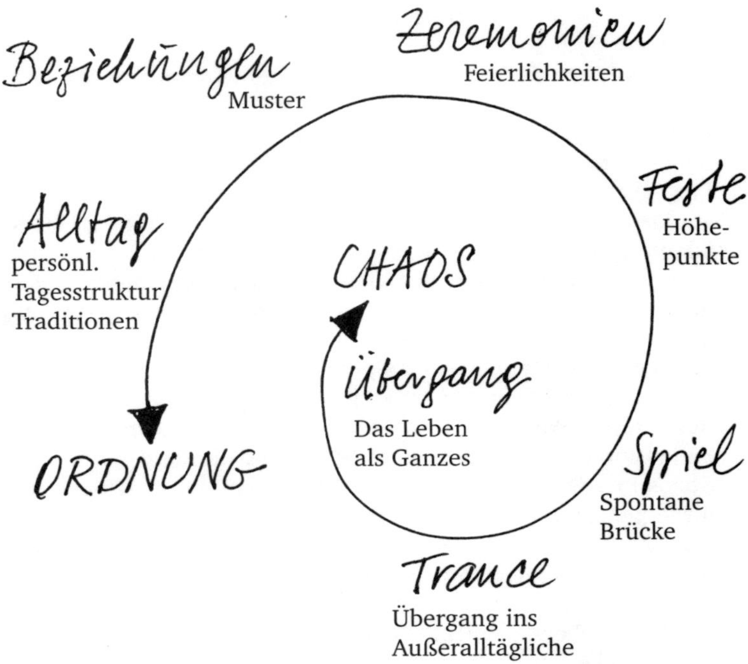

Alltagsrituale strukturieren – als Gewohnheiten, derer wir uns meist nicht bewusst sind – unseren Tag; schließlich bestehen 70% unseres Tagesablaufes aus ihnen.

Feierlichkeiten dienen zumeist auch der Demonstration und dem Erhalt von Macht. (Gerade hier ist auch anzumerken, dass Rituale sorgfältiger und kritischer Reflexion bedürfen. Denn sie können, wie kaum eine andere Maßnahme, Menschen in psychische oder politische Abhängigkeit führen. Und selbstverständlich ist auch der Krieg ein Ritual – wer wollte leugnen, dass die terroristischen Angriffe auf Kraftplätze des Westens ritueller Natur waren.)

Feste hingegen sind offene Begegnungsräume, die der gemeinsamen Gestaltung bedürfen. Feste (im Gegensatz zu Events) kennen keine TeilnehmerInnen, sondern nur TeilgeberInnen – erst dann können sie Beginn, Höhepunkt oder Abschluss einer Entwicklung sein.

Eine besondere Fähigkeit, Beziehung zwischen Ordnung und

Chaos herzustellen, beweist das *Spiel* – deswegen ist es wohl für uns so wichtig.

Das Ritual des Spielens lebt wie kaum ein anderes Tun von Ordnung *und* Chaos, denn es braucht Spielregeln, also Ordnung und lebt dennoch vom Unerwarteten. Niemand würde spielen oder einem Spiel beiwohnen, wenn das Ergebnis bereits am Anfang feststünde. Der Reiz und die Spannung des Spiels liegt ja gerade darin, dass dies nicht der Fall ist. Einlassen auf das Unbekannte ist die Devise, und jede(r) – jedes Team – versucht, den SpielpartnerInnen möglichst viele solcher überraschenden Momente zuzufügen. Stell dir eine geordnete und vorstrukturierte Skiabfahrt oder ein Fußballspiel vor, in dem alle Spielzüge vorher vereinbart wären: Fadesse pur.

Spielen macht uns lebendig, schafft Konzentration, Mitte und Beziehung. Wenn du mit deiner Familie oder mit deinen FreundInnen ein ganz banales Spiel, das die Begegnung von Chaos und Ordnung spürbar macht, spielen willst, schlage ich dir folgendes vor: setzt oder stellt euch in einen Kreis und zählt von eins bis zehn. Die Reihenfolge, also wer die nächste Zahl sagt, ist jedoch nicht vorgegeben. Sprechen zwei zur selben Zeit eine Zahl aus, so geht's von vorne los. Du wirst erleben, wie viel Spaß und Lebendigkeit, aber auch Intuition und Kommunikation selbst solche (anscheinend) banalen Spiele bringen …

Die höchste, intensivste und bewussteste Form des Rituals ist der *Initiationsritus:* die Einweihung in neue Lebensphasen brauchen wir deshalb so dringend, weil am Anfang und Ende solcher Zeiten Verunsicherung herrscht. *„Und jedem Anfang wohnt ein Zauber inne, der uns beschützt und der uns hilft zu leben"* schreibt Hermann Hesse[P7] in seinem Gedicht *Stufen* – dazu ist es aber notwendig, diesen Anfang bewusst zu machen. Ebenso heißt es darin: *„Es wird auch noch die Todesstunde uns neuen Räumen ewig jung entgegensenden. Wohlan denn Herz, nimm Abschied und gesunde".*

Über die Bedeutung des Abschiednehmens hat Georg gute Worte gefunden. Rituale sind wichtige Helfer dabei (im Kapitel „Verweile doch, du bist so schön", Seite 163, gehen wir gesondert darauf ein).

Nun ist es so, dass ein Ritual als außeralltägliches Ereignis seine Entsprechung – ja – Grundlage im Alltag haben muss: Rituale zwischen Menschen geben nur dann Kraft, wenn es auch ein soziales Netz des Alltags gibt, das hält. Einen Mangel an Verbindungen und Verbindlichkeiten im Alltag, das fehlende gute Wort zwischendurch, die nicht eingehaltenen Vereinbarungen kann auch das schönste Fest nicht wettmachen. *Kränkung passiert im Alltag. Heilung auch.*

Wenn wir dem heute vielstrapazierten Wort des Netzwerks und der Vernetzung auf den Grund gehen, so wird uns ein wesentlicher Aspekt von Beziehung bewusst. Nehmen wir das Bild des Sprungtuchs, das Menschen auffangen kann, gerade dann, wenn sie fallen: ein Sprungtuch gewinnt seine rettende Kraft nicht dadurch, dass wir alle beisammenstehen und möglichst einer Meinung sind – zwischen uns würde es schlaff zu Boden hängen. Auch wenn wir (was politische Vereinfacherer gerne vorschlagen) alle im Gleichschritt in eine Richtung gehen, entsteht keine Spannung. Ein Rettungstuch entfaltet sich nur dann, wenn wir alle uns des gemeinsamen Ganzen bewusst werden und anschließend jede/r in seine eigene Richtung geht – nämlich sternförmig auseinander. Wir nehmen so Beziehung zur gemeinsamen Mitte auf und ziehen dann in verschiedene Richtungen. Fazit: Beziehung entwickelt sich nicht aus Gleichheit, sondern aus Verschiedenheit und Vielfalt.

Bereichernd können unsere Partnerschaften, Familien, Teams, das Völkergemisch, das Panoptikum der Kulturen auf diesem Planeten sein, wenn wir Beziehung so definieren: Miteinander, Ineinander, Gegeneinander, dem eine gemeinsame Mitte innewohnt!

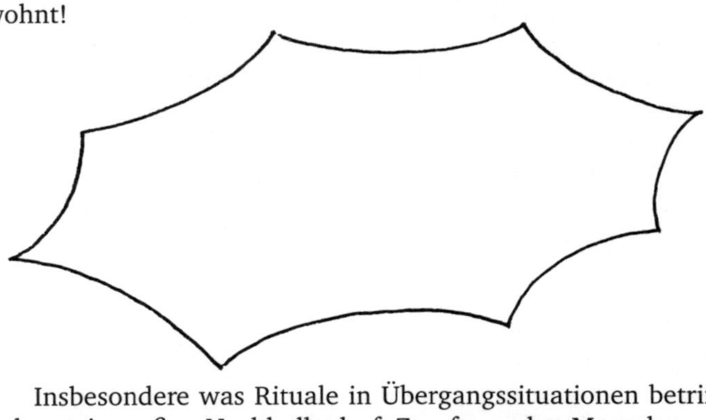

Insbesondere was Rituale in Übergangssituationen betrifft, haben wir großen Nachholbedarf. Zu oft werden Menschen mit ihren Anfangs- und Endsituationen alleine gelassen. Zu selten wird die heilende Kraft des Rituals benützt und damit Kränkung vermieden.

Ich denke beispielsweise an einen Lebensbereich – der mindestens 4 Jahre dauert –, den „Karsamstag der Pubertät“: Feiern wir die erste Menstruation des Mädchens im Kreis der Frauen, weil ein Kind zur Frau wird? Und werden junge Männer im Stimmbruch von den Alten mit ihren Erfahrungen beschenkt und aufgenommen? Ist der erste Schultag einer der Beheimatung?

Wir dürfen uns nicht wundern, dass Jugendliche angesichts des Mangels an rituellen Formen zu Ersatzritualen greifen, die oft große Macht haben: der Eintritt in eine Jugendsekte oder extreme politische Gruppierung, die Heimat vermittelt, wie wir sie nicht geben können, das gemeinsame Saufritual am Bierfest, der rituelle Drogenkonsum im Geheimen, das alles schafft Heimat (schließlich kommen beide Worte „Geheimnis“ und „Heimat“ aus demselben Wortstamm). Aber auch in der Öffentlichkeit müssen oftmals Wirtschaftsprodukte wie die Jugendkarte der Banken das Gefühl vermitteln, dabeizusein, wenn es die Beziehungsarbeit nicht tut.

Möglichkeiten zu Ritualen liegen oft ungenützt auf der „Straße der Entwicklung“. Wenn wir die Augen öffnen, bieten sich täglich Zeichen und Begegnungen an, die Ordnung ins Chaos bringen, Stabilität in die Verunsicherung, die gut tun und heilen.

Wie klar habe ich noch den Nachmittag vor Augen, als unser Jüngster keuchend und mit leuchtenden Augen die Treppe hochgelaufen kam und im Gang schon rief: „Papa, Papa, heute hab ich das erste Mal einen Hund gestreichelt!“, hatte er doch jahrelang

große Angst vor Hunden gehabt und gerade jetzt ein ihm unverdächtiges Tier kurz sich zu berühren getraut.

Ein besonderer Anlass, den ich als alltäglich abtun, zynisch entwerten kann – oder ihm mit einem kleinen Fest Bedeutung verleihen kann.

Ich kniete nieder und freute mich zwei Minuten mit ihm und es war ganz klar: heute hatte etwas ganz Neues begonnen, in ihm Platz genommen. Heute war aus Angst Mut geworden und Entwicklung passiert.

Wenn du dich erinnerst: welche Momente in deinem Leben waren es, die dir Halt gegeben haben, Halt geben bis heute, die dein Leben tragen? Waren es die großen, rauschenden Feierlichkeiten – oder doch die kleinen Momente, in denen ein Mensch zur rechten Zeit deine Hand ergriffen hat?

Georg Wögerbauer

„Glauben Sie, schaff' ich's heute?"

Ich erinnere mich an eine alte Patientin, die ich in den ersten Jahren meiner Ordination regelmäßig betreuen durfte. Sie war nicht wirklich krank, aber eben schon sehr alt, eher depressiv gestimmt.

Sie kam alle drei bis vier Wochen in die Ordination, um ihre Medikamente zu holen. Immer wieder beteuerte sie mir, dass es für sie wohl besser wäre, schon zu sterben. *„Geben Sie mir doch einfach ein bisschen mehr Schlafmittel, dann ist's vorbei, mich braucht doch eh' keiner mehr!"*, jammerte sie mich immer wieder an. Ich wusste von einer Visite bei ihr zu Hause, unter welch' einfachen Bedingungen – wie in einer Hütte – diese Frau, die ein Leben lang schwer gearbeitet hatte, lebte. Einmal, als ich sie wegen Grippe zu Hause besuchen musste, zeigte sie mir voll Stolz ein Heft, wo sie über 2000 Paketsendungen genau protokolliert hatte. *„Seit ich in Pension bin, sammle ich alte Kleider, wasch' sie, bügle sie und schicke sie an ein Kloster, von wo die Kleider weiter in die Dritte Welt verschickt werden. Ich habe jedes Porto selber gezahlt und es sind schon über 2000 Paketsendungen weggegangen!"* erzählte sie mir damals und zeigte mir ihre Aufzeichnungen.

Wenn sie mich dann in der Ordination immer wieder anjammerte, das Leben habe sowieso keinen Sinn mehr, bestärkte ich sie darin, dass ihre Aufgabe im Sammeln von Altkleidern für die Mission bestünde, dass wir sie bräuchten, sie eine wichtige Funktion übernähme.

Diese Frau war sehr religiös. Weil ihre Wohnhütte in unmit-

telbarer Friedhofsnähe lag, übernahm sie auch die Funktion, die Grabkerzen jeden Abend anzuzünden, und auch dies war eine Aufgabe, in der ich sie bestärken konnte. Bei allem Lebensüberdruss, den sie immer wieder formulierte, fand sie doch in regelmäßigen Gesprächen immer wieder Mut, weiterzuleben; bis sie eines Tages eine schwere Lungenentzündung bekam und sich ihr Allgemeinzustand rasch verschlechterte.

Ich erinnere mich an jenen Abend, als ich das letzte Mal bei ihr auf Visite war.

Mit meiner Familie war ich bei Freunden auf Besuch gewesen, als ich spätabends auf dem Heimweg nicht die übliche Route nach Hause nahm, sondern zur Verwunderung meiner Frau eine andere Strecke wählte, bis ich plötzlich bei der Hütte der alten Frau stehenblieb und kommentarlos und ohne Arztkoffer das Auto verließ. Beim Betreten der finsteren Hütte – die alte Frau konnte mich nicht sehen – begrüßte sie mich sofort mit meinem Namen. Hochrot und schwitzend, kurzatmig lag sie im Bett, rasender Puls, ihre Katze daneben. *„Herr Doktor, ich wollte, dass sie noch einmal kommen. Ich wollte Sie fragen, ob ich's heute schaff', ob ich heute sterben kann?"* war ihre konkrete Frage.

Jetzt erst bemerkte ich, dass ich eigentlich ungefragt auf Visite gefahren war, dass sie mich „irgendwie anders" hierher gerufen hatte. Nachdem ich mir ein Bild von ihrem Krankheitszustand gemacht hatte, sagte ich ihr, dass ich wohl glaube, dass sie es schaffen wird, heute Nacht zu sterben.

Sie lächelte, war beruhigt, und auf meine Frage, ob sie wolle, dass ich bei ihr bleibe, antwortete sie mir klar und ruhig: *„Danke, Herr Doktor, dass sie gekommen sind. Ich weiß jetzt, dass ich sterben kann. Ich hab' meine Katze bei mir, ich kann beten, ich hab' keine Angst. Fahren Sie mit ihrer Familie nach Hause, es wird schon gut gehen."*

Das waren ihre letzten Worte.

Ich verabschiedete mich, wissend, sie nie wieder zu sehen, und war beeindruckt und bewegt von dieser Begegnung mit einer sehr einfachen, sterbenden Frau, die für sich eine spirituelle Beziehung aufgebaut hatte, die sie kräftig genug gemacht hatte, um in Ruhe zu sterben.

Ich fuhr mit meiner Familie nach Hause.

Der aufgeregte Anruf der Pflegeschwester am nächsten Tag mit der Information über den Tod meiner Patientin hat mich nicht mehr überrascht. Ich wusste, dass diese Frau mit ihrer tragfähigen spirituellen Beziehung in Ruhe gehen konnte, in ihrem Glauben und mit der Gewissheit, dass das Leben nicht wirklich zu Ende ist.

Georg Wögerbauer

Setzen wir Zeichen!

Bei meinem täglichen morgendlichen Insellauf über die alte Vulkaninsel Milos trabe ich los, weg vom sicheren Hafen, weiter ins Hinterland hinein, vorbei an Schaf- und Ziegenherden. Und schon bald fallen mir die zahlreichen, blitzweiß gestrichenen Kapellen mitten in der kargen Landschaft auf. Neben einfachsten Behausungen leuchten an den schönsten Plätzen der Insel die Kapellen wie Kraftplätze hervor, signalisieren, dass hier Menschen leben, die ihre Spiritualität – ihren Glauben in ihre tägliche Lebensgestaltung integriert haben.

Ich laufe vorbei an dem Hügel, den Gerald und ich in übermütiger Stimmung bei genussvollen griechischen Mahlzeiten den „Venushügel" getauft haben – in Anlehnung an die in dieser Region gefundenen Statue der Venus von Milo. Besagten Hügel rechts liegen lassend, laufe ich, von einer ganz speziellen Kapelle angezogen, einen steilen Berghang hinauf und werde von einem einzigartigen Platz der Kraft und des Friedens für die Mühe des Berglaufes beschenkt. Ich lege mich unter einer weit gespannten Schirmföhre, dem einzigen Baum neben dieser Kapelle, auf den Boden und fühle eine starke Kraft, die von hier ausgeht – und in mir eine tiefe Dankbarkeit.

Das Licht der Morgensonne und die Wärme der ersten Sonnenstrahlen tun gut, und erst jetzt bemerke ich, dass vom Norden her tiefschwarze Wolken auf die Insel zutreiben. Schneller als erwartet erwischt mich ein starker Regen, und obwohl nur mit Laufhose und Leiberl bekleidet, nehme ich Zuflucht in der Kapelle.

In dieser Kapelle habe ich den Mut gefasst auch über eine ganz wesentliche Beziehung in meinem Leben und im Leben vieler Freunde und Menschen, die ich kenne, zu schreiben. Es ist der Halt und die Sicherheit, die ich in meinem Glauben und auch im Gebet erfahren darf. Ich habe Mut gefasst, Zeichen zu setzen und habe Kerzen angezündet für Menschen, die mir nahestehen – lebendig oder verstorben – aber dennoch in mir weiter lebendig sind.

An diesem Ort ist mir so klar geworden, dass ich Zeichen setzen will – Beziehungszeichen, und dass ich im konkreten Gestalten von lebendigen Beziehungen in meinem Lebensraum eine große und schöne Aufgabe habe. Bestärkt von diesem Platz und in der Gewissheit, dass ich dazu stehen darf und kann, dass ich Zeichen setze, laufe ich im strömenden Regen weiter, um in jeder Kapelle, an der ich vorbeikomme, Kerzen anzuzünden. Diese brennenden Kerzen sind für mich Zeichen, die für Beziehungen stehen, die fordern, nähren, schützen oder konfrontieren, Beziehungen, die tragen oder erst in ihrer Tragfähigkeit zu entwickeln sind.

Es sind auch Zeichen, die uns helfen können, mit Ängsten und mit unseren eigenen Grenzen besser umzugehen, es ist konkret der Glaube an etwas sehr Großes und Liebevolles, das uns alle trägt. Wie ein großes Netz weitab jeder konfessionellen Enge bietet sich für uns Menschen in unserer spirituellen Sehnsucht eine ganz konkrete und klare Antwort auf die vielen Ängste, Unsicherheiten und Bedrohungen, denen wir immer wieder ausgesetzt sind. Wenn ich von einer Globalisierung von Beziehungen spreche, dann kann dieses Beziehungsnetzwerk nur getragen werden, wenn wir nicht nur den Mut haben, zu unseren spirituellen Sehnsüchen zu stehen, sondern diese Spiritualität in unseren gelebten Beziehungen auch erfahrbar zu machen.

Zu diesem spirituellen Leben schreibt Anselm Grün[P6]: *„Das geistliche Leben, das der Schöpfungsspiritualität entspricht, besteht vor allem in der Achtsamkeit, im aufmerksamen Umgang mit der Schöpfung, mit den Dingen, mit den Menschen, im aufmerksamen Horchen. Wer achtsam lebt, der lebt in Beziehung mit sich selbst, mit der Schöpfung und mit den Menschen.* Die eigentliche Krankheit unserer Zeit ist die Beziehungslosigkeit. *Weil die Menschen die Beziehung zu sich und zur Schöpfung verloren haben, schlittern sie von einer Beziehung zur anderen, um sich überhaupt spüren zu können. Wenn ich aber die Beziehung zu einem Menschen brauche,*

um mit mir in Beziehung zu kommen, dann benutze ich einen Menschen, dann beute ich ihn aus und überfordere ihn mit meiner Beziehungslosigkeit. Weil viele nicht mehr in Beziehung zu den Dingen sind, gehen sie brutal mit ihnen um."

Diese Beziehungslosigkeit mit sich selbst lässt Menschen immer achtloser und aggressiver mit der Schöpfung umgehen, sie wirkt sich auch in einer permanenten Rast- und Ruhelosigkeit aus. Weil Menschen nicht mehr wirklich in Beziehung mit sich selbst sind, weil wir verlernt haben, im Augenblick zu leben, brauchen wir immer größere Anreize, um uns zu spüren.

Zeichen aber sind vielmehr als bloße Reize – sie deuten in die Tiefe des Lebens.

Haben wir also den Mut, Zeichen zu setzen – *Beziehungszeichen – Lebenszeichen!*

Die Autoren im Beziehungsfeld

Georg Wögerbauer: Georg über Georg

Wenn ich einmal – so wie jetzt – in Ruhe für mich alleine sein kann, dann spüre ich viel Kraft, genieße das Alleinesein und bin gleichzeitig schon wieder hingezogen zu den vielen Beziehungen, die mich tragen, „locken" und faszinieren. Ich arbeite an meiner Maßlosigkeit, übe, den Bogen zwischendurch auch zu entspannen, um auf Rhythmen zu achten, die mir guttun. Ich lerne täglich aus Begegnungen mit Menschen und bin überzeugt, dass menschliche Entwicklung über gelebte Beziehungen gelingen kann.

Gerald Koller: Wie ich Georg wahrnehme

Mit Georg verbindet mich ein dichtes „unterirdisches Netz" – erstaunlich, wie oft wir durch ganz ähnliche Lebenssituationen gehen.

Georg ist für mich ein Heiler, ein heilsamer Mensch: mit seinem Glauben, seinem Einfühlungsvermögen, seiner Ausstrahlung und Ruhe, mit seinem Begeistert-sein weckt er in vielen Potentiale, die bisher ungeahnt waren.

Und er ist ein Liebender: seine Familie, seine Freunde und seine Patienten leben von dieser Liebe, wie er von ihr lebt. Im intensiven Austausch mit Menschen und den offenen Fragen in seinem Herzen wird mir Georg wohl immer Quell für Bewegung und Entwicklung sein.

Gerald Koller: Wie ich mich erlebe

Ich lebe und arbeite in vielen Beziehungs- und Kulturfeldern. Als Einzelkind habe ich erst in ihnen die Kunst der Kommunikation gelernt.

Lange habe ich vergeblich versucht, Begriffe für meine berufliche Visitenkarte zu finden. Nach 43 Jahren weiß ich nun: Ich suche und ermögliche Beziehungen zwischen Kommunikation und Gesundheit. Ich bin also Grenz- und Brückengänger – und doch finde ich als Abenteuerreisender immer mehr Heimathafen: in der Natur, bei meinen Freunden – und mit Agnes, Miriam, Sarah und Florin, den großen Geschenken in meinem Leben.

Georg Wögerbauer: Georg über Gerald

Mein Freund Gerald ist ein Mensch, der ständig gestaltet, entwickelt, verändert – immer unterwegs, viele Beziehungen lebend. Derzeit baut er ein Haus für sich und seine Familie, die ihm sehr viel bedeutet und Kraft gibt. Er scheut nicht, in Konflikte zu gehen, lebt diese auch aus, und schafft somit Klarheiten, die wiederum für Veränderungen notwendig sind, die er auch lebt. Unsere Beziehung ist geprägt von einer (meist) spielerischen Rivalität – besonders, wenn wir gemeinsam unter Frauen sind. Mich überrascht oft unsere Parallelität von Entwicklungsschritten. Gerald legt Wert auf das Einhalten von Vereinbarungen, ist ein Mensch, der sich helfen lässt und auch helfen kann.

Er ist ein Künstler im Feiern von Festen, deren ich noch viele mit ihm genießen will.

Gerald Koller

„Verweile doch, du bist so schön" – Zeit ist Grundlage von Beziehungen

„Zeit ist Geld", dieser Spruch bilanziert die Logik der kapitalistischen Welt. Die Folgerung davon: wir haben viel Geld und keine Zeit mehr – nicht einmal dafür, es auszugeben.

Auf der südlichen Halbkugel wiederum leben Menschen mit wenig Geld und sehr viel Zeit. Und Georg und ich sind bewusst in jene – für uns MitteleuropäerInnen – „klassische" Region gefahren, um dieses Buch zu schreiben, in die dritte Zeitzone, in die wohl ausbalancierteste: Griechenland als eines jener mediterranen Länder, in denen die Menschen genügend Geld, aber auch genügend Zeit haben.

Der viel diskutierte „clash of cultures" zwischen dem Norden und dem Süden, dem Westen und dem Osten ist nicht nur einer der verschiedenen finanziellen Ressourcen, sondern auch der verschiedenen Zeitkulturen. Wenn das amerikanische Ehepaar im statistischen Mittel täglich drei Minuten Zeit für gemeinsame Gespräche hat (in Deutschland sind es etwa 10 Minuten), dann muss gefragt werden: Wie soll hier Beziehung entstehen?

Entwicklungen, Konflikte, Rituale: *Sie alle brauchen Zeit. Wenn wir sie uns nicht mehr nehmen, ist der bloße Ruf nach ihnen vergebliche Liebesmüh.*

Wir alle haben 24 Stunden pro Tag Zeit. Wenn uns also jemand sagt: *„Ich habe keine Zeit"*, dann entspricht das nicht der physikalischen Realität, sondern der Wertigkeit, die dieser Mensch in seinem Leben den Beziehungen einräumt.

Die „wichtigeren" Dinge, hinter denen wir unsere Flucht aus

Beziehungen verstecken, sind oft reichlich banal und liegen nicht umsonst im Zeit-vertreib. Wer aber seine Zeit vertreibt (wie wir es tun, wenn wir in Summe zwei Monate unserer Wachzeit pro Jahr vor dem Fernsehgerät verbringen), darf sich nicht wundern, wenn Beziehungen nicht funktionieren – oder besser: sich nicht weiterentwickeln.

Denn es gibt einen wesentlichen Unterschied zwischen Zeit und Geld, der eine Gleichsetzung nicht zulässt: *Zeit wird mehr, wenn man sie teilt.* Schließlich gibt es nicht nur die Länge, sondern als wesentliches Merkmal die Intensität der Zeit. Jene Zeiten, die uns in der Erinnerung noch mit Lebenskraft beschenken, sind meist nicht besonders lang, sondern besonders intensiv gewesen! Das sind die Zeiten, die heilen können. Wenn wir keine Zeit für die sexuelle Begegnung haben, wird ihre Kraft ersterben (– und Frauen, die das Entwickeln von Lust direkt mit „Zeit haben" in Verbindung bringen, können uns Männern vieles lehren) wenn wir keine Zeit für Trauer mehr haben und schnell zum Alltag übergehen, beginnen Wunden zu eitern.

Zeit ist gelebte Zärtlichkeit. Zärtlichkeit nimmt sich Zeit *wahr zu nehmen,* um dann auch *wahr geben* zu können. Besonders in Zeiten der Trauer ist dies von wesentlicher, heilsamer Bedeutung. Die Trauernde, die auf die Frage, wie es ihr denn gehe, antwortet: „Es geht schon wieder" flüchtet aus der Trauer, wie wir es alle tun. Haben wir nicht die Betroffenheit über die Ereignisse des 11. Septembers, über Kriegsopfer und Flüchtlinge wieder gut aus unserem Alltag verbannt, um sagen zu können: „Es geht schon wieder"? Nicht gelebte Trauer aber führt wie nichts sonst direkt in die Krankheit.

Ich gehe am Kraterrand von Milos entlang und schaue über das Meer nach Westen. Dort drüben, am Peloponnes, liegt die Mani, jene Halbinsel, der Europas führender Trauerforscher Jorgos Canacakis[P2] entstammt. In aufsehenerregenden Studien mit Bewohnern dieser Region, der Stadt Athen und der Stadt Essen, hat er belegen können, dass gelebte Trauer Gesundheit fördert. Trauer nämlich ist kein privates, sondern ein öffentliches Gefühl! Im stillen Kämmerchen trauert sich's zwar intim, aber ergebnislos. Und auch das US National Institute For Disease Research befindet in einer Studie, dass 55% der Krankheitsursachen nicht körperlicher, nicht psychischer, sondern *sozialer* Natur sind.

Dort drüben in der Mani findet vielleicht gerade eine Trauer-

zeremonie statt: alle kommen zusammen, um einen Toten zu verabschieden und zu ehren, die Hinterbliebenen zu trösten und in letzter Gemeinschaft zu bergen. Dort gibt es noch Klageweiber, die beim Bejammern des Todes und des Toten in Trance geraten und schreiend die Trauer darstellen. Die Menschen werden von dieser Energie erfasst, gemeinsam jammern, heulen und weinen sie; das aber nicht nur beim Begräbnis, sondern auch 3 Monate, 6 Monate, 1 Jahr, 3 Jahre und 7 Jahre nach dem Tod. Das Ergebnis dieser Trauerarbeit ist: In der Mani gibt es keinen einzigen Fall von Magengeschwüren, kaum Krebserkrankungen oder Herzinfarkte. Für das inexistente Symptom des Magengeschwürs haben die Menschen gar keinen sprachlichen Begriff.

Es ist immer gefährlich, auf paradiesische Lande in der Ferne zu verweisen, weil nun manche sagen werden: „Das ist eben bei uns unmöglich und vorbei". Doch gerade heute Morgen, als ich im Kafenion[1] meine Gedanken zu diesem Kapitel zusammenfasste, setzte sich Georg zu mir und erzählte – wie so oft sind wir in intuitiver Beziehung und denken unausgesprochen über dasselbe nach – von den beeindruckenden Begräbnisritualen in seinem Wohnort im Waldviertel.

Ich habe ihn gebeten, von der Trauerarbeit in seinem Dorf zu erzählen:

In dem kleinen Dorf, in dem ich lebe, ist vor wenigen Monaten

1 Kafenion: griech. Kaffeehaus

unerwartet ein zirka 65-jähriger Mann verstorben. Herr F. war in dem Dorf sehr beliebt, glücklich verheiratet, Vater von drei erwachsenen Kindern. Er verstarb an einem plötzlichen Herztod. Ich erinnere mich noch, wie er wenige Tage zuvor einen alten Schubkarren für mich reparierte. Mit seinem typischen „Des moch' ma schon!" – half er mir – wie immer – spontan. Er starb so plötzlich, dass wir alle sehr geschockt waren.

Erst seit ich auf dem Land lebe, lerne ich einen bewussten Verabschiedungs- und Trauerprozess von Menschen kennen. Wenn in unserem Dorf jemand stirbt, wird fünf bis zehn Minuten lang die Totenglocke geläutet. Damit wird einerseits die Information weitergegeben, dass jemand verstorben ist, andererseits fordert das Läuten der Totenglocke zum Innehalten auf, um an den Verstorbenen zu denken oder für ihn zu beten. Unmittelbar nach dem Ableben wird Herr F. im Hof seines Hauses aufgebahrt. Alle Dorfbewohner versammeln sich rund um den Toten, es wird gemeinsam gebetet, und so werden auch die engen Anverwandten des Verstorbenen in ihrer Trauer unterstützt und begleitet. Geduldig warten alle, bis auch die Tochter des Verstorbenen von der Arbeit kommt, um sich von ihrem Vater zu verabschieden. Jeder, der von ihm Abschied nimmt, taucht einen Zweig in ein Wassergefäß und besprengt damit den Toten. In einem weiteren Ritual wird der Verstorbene von der gesamten Dorfgemeinschaft „hinausgebetet", das heißt, das Bestattungsauto fährt im Schritttempo durch das Dorf, und wir alle begleiten den uns vertrauten Mitbewohner. Mit dem Sterbetag beginnt für alle im Dorf ein einwöchiger intensiver Abschiedsprozess.

Zweimal in dieser Woche kommen alle in der Dorfkapelle zusammen, um für den Verstorbenen zu beten, aber auch die Angehörigen zu bestärken und zu begleiten. Am Begräbnistag, etwa eine Woche nach dem Sterbetag, versammeln sich neuerlich alle Dorfbewohner bei der Kirche. Ein letztes Mal wird der Verstorbene im Schritttempo durch das ganze Dorf gefahren und dabei von der Dorfbevölkerung begleitet, hinaus bis zu einem der vier Wegkreuze, die unser Dorf in alle vier Himmelsrichtungen schützen. Dann fährt der Bestattungswagen in Richtung Friedhof weiter, nur mehr von den engsten Angehörigen begleitet, die in einem weiteren Abschiedsritual alleine beim Verstorbenen sein können.

Zwei Stunden später beginnt das offizielle Begräbnis. Ich reihe mich in eine Schlange von vielen Trauernden ein und bin überrascht, wie viele Menschen aus der gesamten Großgemeinde sich von Herrn F. verabschieden wollen. Auch für diesen Abschiedsprozess

gibt es viel Zeit, jeder hat die Möglichkeit, am Sarg vorbeizugehen, das ritualisierte Besprengen mit Weihwasser durchzuführen, um anschließend den Angehörigen Anteilnahme oder tröstende Worte zu sagen. Ich staune, wie sich alle Zeit nehmen, wie niemand in Eile ist, welch hohen Stellenwert die Verabschiedung aus einer gelebten Beziehung einnimmt.

Vor der komplett versammelten Pfarrgemeinde wird eine feierliche Trauermesse abgehalten, um dann den Toten ein allerletztes Mal – zum Grabe hin – zu begleiten. Dort wird er noch von Vertretern des öffentlichen Lebens und Vereinen, in denen er engagiert war, gewürdigt und anschließend begraben.

Im Anschluss an die Begräbnisfeier lädt die Witwe alle am Begräbnis Mitwirkenden, alle Verwandten und den engeren Freundeskreis, in unserem Fall die gesamte Dorfgemeinschaft, zum sogenannten „Leichenschmaus" ein. Die sonst in sehr bescheidenen Verhältnissen lebende Familie scheut keinen Aufwand, um ein würdiges und festliches Mahl zur Verabschiedung des Verstorbenen vorzubereiten. Mehr als 120 Personen werden großzügig verköstigt, nochmals wird durch den Ältesten im Dorf der Leichenschmaus durch ein kurzes Gebet unterbrochen. Es ist spürbar, wie mit dem Ritual des Leichenschmauses Entlastung in die Trauergemeinde kommt. Bei aller Trauer signalisieren wir, dass wir durch die Aufnahme von Nahrung weiterleben wollen.

Eine Woche intensiven Trauerns geht somit zu Ende. Wir alle haben die Familie in ihrer Trauer unterstützt und begleitet, sie be-

dankt sich mit der Einladung zu diesem Essen. Ich spüre, wie ich – verglichen mit anderen Begräbnisszenarien – viel unbeschwerter und offener nach dieser gemeinsamen Trauerzeit mit den Angehörigen des Verstorbenen sprechen kann und verabschiede mich schließlich von der Witfrau, die sich bei all ihrer Traurigkeit in der großen Gemeinschaft der Geladenen getragen fühlt, von Beziehungen, die speziell in ihrer schweren Trauerzeit halten.

Zurück in unser alltägliches Leben: Wer sich da Gedanken zur Zeit macht, kommt um solche zur Zeitplanung nicht herum. Die klassische Dreiteilung der Zeit in Vergangenheit, Gegenwart und Zukunft hat der Philosoph Augustinus mitgeprägt, und HERBERT PIETSCHMANN[P11], einer der großen Physiker, Philosophen und Humoristen unserer Zeit, beschreibt diese Dreiteilung wie folgt: *die Vergangenheit ist das, was festgelegt ist, die Gegenwart der Akt des Festlegens, Zukunft das noch nicht Festgelegte.* Weiter folgert er mit Augustinus, dass es nur die Gegenwart wirklich gibt – denn die Vergangenheit ist ja bereits festgelegt und vorbei, und die Zukunft noch nicht da. Nur im aktuellen Festlegen der Gegenwart leben wir wirklich. Das wirft aber kritische Gedanken zu unserer Planungswut auf. Pietschmann beweist, dass wir im Planen der Zukunft Lebenskraft verlieren – und dies an einem eindrücklichen Beispiel: wenn du daheimsitzt und deinen Urlaub planst, lebst du nicht aktuell, denn du bist nicht in der Gegenwart, sondern in der Zukunft. Wenn du dann auf Urlaub fährst und versuchst, deine Planungen zu realisieren, lebst du wiederum nicht, denn du bist in der Vergangenheit dessen, was du einst geplant hast.

Leben in Beziehungen braucht also Gegenwart. Aber baut es nicht auch auf gelebte Vergangenheit und hofft auf lebenswerte Zukunft? Natürlich!

Der Unterschied zwischen dem momentanen Eros der Begegnung und Beziehungen, die Heimat *und* Abenteuer ermöglichen, ist ja gerade die Kontinuität! Doch Kontinuität ist nicht die Abfolge des Ewiggleichen, sondern eine Perlenkette aus immer wieder neuen Erlebnissen. Kontinuität ohne Aktualität ist öde.

Für Beziehungen bedeutet das: Seid wachsam für die Gegenwart – und damit für den Zauber der Veränderung, die Kraft der Entwicklung. In einem einzigen, und sei's dem letzten, Atemzug kannst du deinem ganzen Leben einen neuen Sinn geben – und allen Beziehungen, in denen du lebst.

Mehr noch als Quantität braucht Zeit also unser Streben nach Qualität: viel Zeit, die eine gute werden kann.

Beziehungen brauchen also Zeit und Raum.

Das wirtschaftlich ertragreiche System des Westens verhindert aber weiterhin den Ertrag von Beziehungen, da es ihnen keine Zeit gibt.

Nun gibt es schon einige Betriebe, die erkannt haben, dass nicht funktionalisierte Beziehungszeit immer auch die Produktqualität erhöht. In Norddeutschland gibt es bereits Modellbetriebe, die in ihre Arbeitsverträge vier Stunden offenes Gespräch unter MitarbeiterInnen integrieren. Ein anderer Betrieb sieht einen halbstündigen Mittagsschlaf innerhalb der Arbeitszeit vor, fördert somit den Rhythmus zwischen Anspannung und Entspannung und erreicht beste Ergebnisse: hohe Arbeitsmotivation, gesunde MitarbeiterInnen und qualitative Produkte. Die MitarbeiterInnen des größten deutschen Bildungshauses in Frankfurt wiederum werden vertraglich zu vier Wochenstunden Lesen von nicht projektspezifischer Literatur verpflichtet …

Doch das sind Ausnahmen!

Weiterhin gibt es kaum Modelle einer Teilzeitgestaltung, die Eltern Zeit für Beziehungsarbeit mit ihren Kindern – gerade in den ersten Lebensjahren – lässt, und auch schütteren politischen Willen dazu. Die wenigen politischen Ideen sind nicht gerade von der Förderung von Beziehungskultur geleitet (dazu fehlt es an pädagogischen, mehr noch an wirtschaftspolitisch grund-

legenden Maßnahmen) und gipfeln im staatlichen schwedischen Werbeprogramm „Fuck for future", das deutlich verrät, dass es hier vorrangig um bevölkerungs-, also machtpolitische Interessen geht. Nur wer Teilzeit ermöglicht, schafft die Grundlage dafür, dass Zeit auch geteilt werden kann. Und erschließt damit die Quelle für Beziehungen. Beziehungen, die leben.

Ich bin's gleich

Ich bin's gleich
sag' ich
und bin – der ich gleich bin
will sein
jetzt
ganz der
der ist
für dich und mich
voll Achtsamkeit

und würdigen
die Zeit
die uns jetzt
geschenkt ist.

Georg Wögerbauer

Wir sitzen an der weißen Wand der Kapelle der „wiederkehrenden Muttergottes“ hoch über dem Meer, und vollenden die Gedanken zu diesem Buch. Ein Höhepunkt unserer Reise, dieser Ort des Friedens, der noch im letzten Weltkrieg mit Bomben beschossen wurde: welch eine Wandlung …

Wir haben versucht, auf die Gewalt und die Verunsicherung unserer Welt Antwort zu geben. Unsere Antwort heißt: Beziehung aufbauen, in Beziehung bleiben, Beziehung leben.

Wir sehen uns an und spüren: es ist möglich.

Die Antwort bist auch du. Denn du hast deine Zeit mit uns geteilt.

Wir danken dir dafür.

Ein Wort auf die Reise

Das Schiff ist angekommen. Wir gehen an Land, schauen uns um und ein neues Kapitel beginnt.
Wenn auch du deinen Weg weitergehst, den Kopf hebst, deinen Blick weitest, dann …

Sandro Fetscher

HILFE WIR SPAREN UNS ARM!

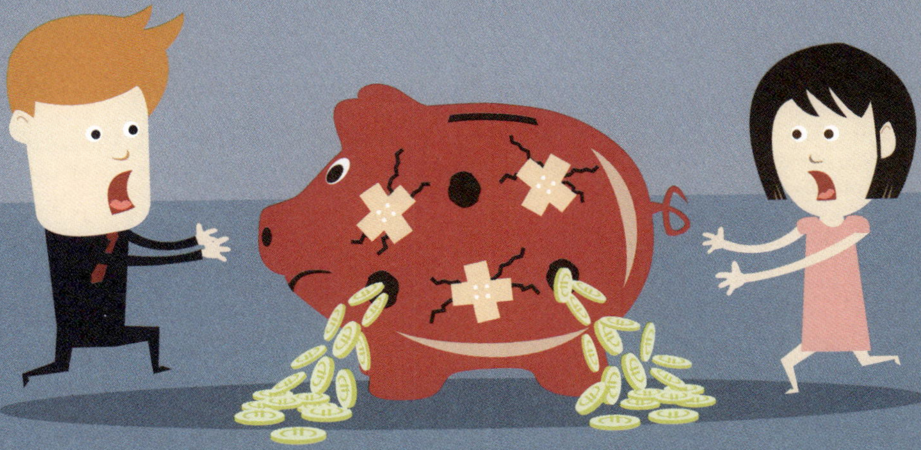

FBV

Eine Geschichte über clevere Geldanlage

Bibliografische Information der Deutschen Nationalbibliothek
Die Deutsche Nationalbibliothek verzeichnet diese Publikation in der Deutschen Nationalbibliografie. Detaillierte bibliografische Daten sind im Internet über http://dnb.d-nb.de abrufbar.

Für Fragen und Anregungen
info@finanzbuchverlag.de

Originalausgabe, 1. Auflage 2019

Nymphenburger Straße 86
D-80636 München
Tel.: 089 651285-0
Fax: 089 652096

Redaktion: Judith Engst
Korrektorat: Manuela Kahle
Umschlaggestaltung und Umschlagabbildung: Stefan Häußler, unter Verwendung von Motiven von istock.com/basketman23
Illustrationen im Innenteil: Stefan Häußler, unter Verwendung von Motiven von istock.com/basketman23, Abbildung Seite 94/95: Die Rechte der abgebildeten Marken-Logos liegen beim jeweiligen Unternehmen selbst, Abbildung Seite 204/205: © Oxfam
Satz: Carsten Klein, Torgau
Druck: Florjancic Tisk d.o.o., Slowenien
Printed in the EU

ISBN Print 978-3-95972-184-4
ISBN E-Book (PDF) 978-3-96092-336-7
ISBN E-Book (EPUB, Mobi) 978-3-96092-337-4